# MOURINHO:
## A DESCOBERTA GUIADA

**Título**
MOURINHO: A Descoberta Guiada

**Autor**
Luís Lourenço

**Adaptação**
Walter Sagardoy

**Revisão**
Walkiria De Felice / Casa de Ideias

**Diagramação**
Lumiar Design

**Pré–impressão / Impressão / Acabamento**
Edições Loyola

**1ª Edição**
Novembro de 2010

**ISBN**
978-85-63182-02-9

Dados Internacionais de Catalogação na Publicação (CIP)
(Câmara Brasileira do Livro, SP, Brasil)

Lourenço, Luís
Mourinho : a descoberta guiada / Luís Lourenço. --
São Paulo : Almedina, 2010.

ISBN 978-85-63182-02-9

1. Mourinho, José 2. Treinadores de futebol -
Biografia 3. Treinadores de futebol - Brasil I. Título.

10-11719    CDD-796.334092

Índices para catálogo sistemático:
1. Treinadores de futebol : Biografia 796.334092

Todos os direitos reservados para o Brasil.
©2010 Luís Lourenço , Prime Books e Almedina Brasil

**Almedina Brasil, Ltda.**
www.almedina.com.br
brasil@almedina.com.br

**Prime Books – Sociedade Editorial, Lda.**
www.primebooks.pt
marta.abreu@primebooks.pt

# MOURINHO:
## A DESCOBERTA GUIADA

### LUÍS LOURENÇO

# SUMÁRIO

| | |
|---|---|
| Dedicatória | 7 |
| Agradecimentos | 9 |
| Prefácio | 11 |

## 1 O LÍDER SE ANTECIPA — 15
## 2 O PARADIGMA DA COMPLEXIDADE — 33

| | |
|---|---|
| Sob a perspectiva da complexidade | 35 |
| Genoma humano e complexidade | 38 |
| O todo complexo e contextualizado | 41 |

## 3 TEORIAS SOBRE LIDERANÇA APLICADAS AO TRABALHO DE MOURINHO — 61

| | |
|---|---|
| A liderança hoje | 61 |
| O que é liderar? | 65 |
| *Special One* — Um conceito global | 68 |
| O líder é um ser humano | 70 |
| A paixão | 88 |
| Perder não é opção | 91 |
| A Descoberta Guiada | 94 |
| A motivação | 104 |
| Mourinho enquadrado nas teorias da liderança | 113 |
| Teorias Neocarismáticas | 117 |
| Liderança carismática | 118 |
| Algumas características do líder carismático | 121 |
| Liderança transformacional | 130 |

## 4 INTELIGÊNCIA EMOCIONAL — 139

| | |
|---|---|
| Estudos de Damásio | 140 |
| A teoria de Goleman — inteligência emocional | 143 |
| Liderança primal | 148 |
| Domínios da inteligência emocional | 153 |
| Estilos de liderança emocional | 155 |

**5 INTELIGÊNCIA CONTEXTUAL** 161
**6 EQUIPES** 165
   O primeiro "Grupo Mourinho" 168
   A equipe como um todo 170

**EPÍLOGO** 185
**BIBLIOGRAFIA** 189

# DEDICATÓRIA

Dedico este livro ao meu afilhado e sobrinho João Pedro. O meu orgulho não tem limites ao percebê-lo já, em sua vida ainda tão curta, com uma dimensão humana e um sentido de equilibrio ímpares. Que Deus esteja sempre com ele.

# AGRADECIMENTOS

Agradeço aos de sempre, à Cláudia, aos meus pais e madrinha, irmãos, cunhadas e sobrinhos e, ainda, a mais alguns com quem tive o privilégio de me encontrar na vida e aprender com os seus ensinamentos.

Aos que diretamente me ajudaram neste livro. Ao Luís Bio (grande amigo e companheiro), ao Professor Antunes de Sousa, ao Jaime Cancella de Abreu e à Isabel Vaz. Ao Vítor Baía, ao Jorge Costa, ao Deco e ao Didier Drogba. A todos eles a minha homenagem. Sem eles este trabalho teria sido diferente, para pior.

Ao Nuno Calapez. Que lição de luta e coragem na hora da adversidade.

Gostaria ainda de destacar alguns bons amigos, sempre comigo nesta caminhada: Guido Jr., Carlos Banha, João Costa (Todinho), Paulo Baldaia, Kenneth Asquez, Raul Sales, Bernardino Barros, Henrique Mateus, Cristina Torres, João Rendas (Janica) e Tiago Guadalupe.

Também aos pais da Cláudia: Maria José e Raul.

E, finalmente, como não podia deixar de ser, um agradecimento para aquele sem o qual nada disto seria possível. Ao José Mourinho. Mas não só a ele. Também à Matilde.

E termino estes agradecimentos como comecei: aos mesmos de sempre... sempre.

# PREFÁCIO

Palavras Prévias[1]

Escrevendo estas prévias palavras, para o livro de Luís Lourenço, *Mourinho: a descoberta guiada*, tenho a íntima satisfação de cumprir o dever de tornar mais conhecido do público brasileiro o jornalista e escritor Luís Lourenço, licenciado, mestre, doutor, em Ciências da Comunicação, e o biógrafo oficial de José Mourinho, actual treinador do Real Madrid e licenciado e doutor "honoris causa" pela Faculdade de Motricidade Humana da Universidade Técnica de Lisboa. Para já, um ponto que deve salientar-se: neste livro, tanto o biógrafo como o biografado são duas pessoas cultas, informadas, actualizadas no que respeita à ciência e à epistemologia. Com efeito, para o leitor, mesmo o mais desatento, deste oportuníssimo "vade mecum", o que se torna, antes do mais, evidente é que o Luís Lourenço e o José Mourinho meteram ombros a uma empresa gigantesca: proclamar "urbi et orbi" que, também no futebol, a cultura é o primeiro factor de desenvolvimento. Eles e eu fazemos coro, numa verdade que nos parece insofismável: *no futebol, quem só sabe de futebol, pouco sabe de futebol!* E por quê? Porque o "desporto-rei" (como o desporto em geral) não é uma Atividade Física é uma Atividade Humana e portanto muito (muitíssimo) do que é humano pode emergir de um simples jogo de futebol. A preparação física e a técnica e a tática e a psicológica são indispensáveis, para um profissional de futebol. Mas

---
[1] Prefácio escrito em português de Portugal.

a complexidade humana é bem mais do que tudo isto e é, tendo em conta a complexidade humana, que se prepara um futebolista, para a alta competição.

O Luís Lourenço, não só tem os mesmos 47 anos de idade do José Mourinho e nasceu também em Setúbal, como é seu "amigo do peito", desde tenra idade. E, assim, embora não conheça (nem jamais conheci) fisionomia mais difícil de desenhar do que a de José Mourinho, porque nunca vi natureza mais complexamente bem dotada, para treinador de futebol, do que a sua – ninguém poderia escrever sobre o atual treinador do Real Madrid, como o Luís Lourenço o faz, em ciência e em consciência. José Mourinho é, sabidamente, um líder, na mais elevada expressão da palavra mas, ao mesmo tempo, é o instinto mais prático, a sagacidade mais lúcida, a inteligência mais crítica, que algum dia eu admirei. Já muitos autores dele se ocuparam, desejosos de formarem o retrato de um dos heróis do nosso tempo. Mas nenhum deles podia estudar, pesquisar, como Luís Lourenço, o José Mourinho que ele conhece como poucos. São exemplos acabados de teoria sem prática – para pouco servem!... Acompanho, de há quatro anos a esta parte, o trabalho universitário do Prof. Luís Lourenço que, através da cultura pós-moderna, procura retratar o José Mourinho e que, através do José Mourinho e do entusiasmo que inspira, procura retratar o tempo em que vivemos. Esta obra, que tenho a honra de prefaciar, assim o atesta! Trata-se, por isso, de um livro que merece ser oferecido aos desportistas e aos intelectuais do Brasil e afinal ao Brasil inteiro. É que, se o José Mourinho é um génio, na sua profissão, o Luís Lourenço é um talento, como ensaísta e como escritor.

Das obras de Luís Lourenço poderei dizer: que são originais, resultantes da sua investigação pessoal; escritas em português sem mácula, o que seguramente é de louvar, num tempo de patológica anglofilia; que manifestam erudição invulgar, designadamente ao nível da filosofia das ciências; que são modelares no saber e precisas no expor. Com o Luís Lourenço, o grande José Mourinho fica maior! Também uma palavra de gratidão à Primebooks que, uma vez mais, editou um livro de Luís Lourenço. Há cultos que não honram só quem os recebe, mas também quem os presta. Ao honrar o José Mourinho de Luís Lourenço, a Primebooks honra-se a si própria, pois honra neles o desporto e a cultura, que eles representam.

**Manuel Sérgio**
Lisboa, 30 de Setembro de 2010

# 1 O LÍDER SE ANTECIPA

*No banco, ouvi-o descrever o que ia acontecer de uma forma quase cirúrgica. Às vezes isso era quase inquietante. Como se ele pudesse prever o futuro.* **Didier Drogba**

O dia 6 de maio de 2007 até estava, curiosamente, muito bonito na capital inglesa. O sol sorria ao Emirates Stadium, o novíssimo estádio do Arsenal, onde o Chelsea iria jogar e onde só a vitória lhe interessava. Caso contrário, entregaria o título inglês ao Manchester United.

Após três anos na Inglaterra, nunca a vida estivera tão difícil para José Mourinho, o treinador do Chelsea. Naquele país, sempre a serviço dos *blues*,[1] já tinha conquistado cinco troféus, entre eles dois campeonatos, tantos quantos tinha disputado. Agora, à terceira tentativa, a renovação do título começava a parecer uma miragem e, para conseguir esse feito, o Chelsea, além de precisar ganhar os dois jogos que faltavam, teria de esperar que o Manchester perdesse pelo menos um. Uma falta grave e consequente expulsão de um desnorteado Boulahrouz[2] ainda no primeiro tempo começariam a ditar um fim nada bom para aquele esplêndido dia de sol. O Chelsea, no segundo tempo, ainda empatou, mas não conseguiu passar disso mesmo: de um empate. Ficou, daquela forma, sentenciado o campeonato inglês com a entrega do título ao Manchester United, de Sir Alex Fergusson. Para Mourinho, chegara a hora da derrota.

Até aquele 6 de maio de 2007, a pergunta surgia aos ouvidos vezes sem conta — arriscaria mesmo a dizer que me foi feita milhares de vezes. Sabendo-se da minha relação próxima com José Mourinho, a curiosidade tinha sempre a ver com a forma como Mourinho iria en-

---

[1] Apelido dado à equipe do Chelsea FC, justamente por se vestir toda de azul. *Blue*, em inglês, significa azul. *Blues* é o plural de *blue*.

[2] Jogador internacional holandês contratado nessa época pelo Chelsea. No final da temporada seria dispensado por sua fraca atuação ao longo do ano.

carar o momento da derrota. A questão "como vai reagir Mourinho na hora da derrota?" tinha razão de ser, e também eu me questionava como seria a sua reação. Afinal, José Mourinho é o *Special One*[3] e, pelo menos aparentemente, não é previsível que os *Special Ones* percam. Além disso, Mourinho, efetivamente, nunca tinha perdido e, portanto, a derrota seria um dado novo em sua vida. Para quem tantas vezes ganhara, como seria no momento da derrota? Seu feitio, seu caráter, se quisermos, também não é das coisas que mais ajudam. Mourinho sempre venceu e sempre fez questão de se regozijar disso, o que se constitui numa atitude que gera muita inveja – já o simples fato de vencer a gera – e muito ódio. Muitas pessoas estavam, assim, à espera de poder esfregar as mãos de contente com a primeira derrota do homem que nunca perdera; enfim, como iria ele reagir com os seus jogadores, com os seus seguidores, torcedores, fãs, também eles sem conhecer o sabor da derrota com Mourinho. E muito mais razões se poderiam aqui juntar para justificar a curiosidade quase geral – mesmo daqueles que o idolatram – de como seria Mourinho na hora da derrota. Eu mesmo, repito, consciente de que o *Special One* algum dia perderia, me envolvia, por vezes, em antecipações sobre qual seria a sua reação na hora amarga de perder pela primeira vez. Numa altura, não resisti mesmo e – não sei se ele se recorda – perguntei-lhe como iria ser. "Normal" –, respondeu-me. "Será como toda a gente. Sei que um dia vou perder e estou preparado para isso pelo simples fato de nem sequer pensar nisso. Apenas sei que vai acontecer e pronto. Quando acontecer estarei aqui para assumir e enfrentar as consequências que uma derrota sempre traz. Mas não penso que vá ser nada de especial em termos de atitudes ou reações." Não me recordo bem, mas tive de esperar por pelo menos mais dois ou três anos para saber como efetivamente seria.

---

[3] Nome pelo qual José Mourinho é conhecido em todo o mundo, atribuído a ele pelos jornalistas ingleses depois de, na sua primeira conferência de imprensa na Inglaterra, ter afirmado que, por ter ganhado a Taça UEFA e a Liga dos Campeões em dois anos consecutivos, se considerava um treinador especial.

Enquanto escrevo estas linhas, revejo as imagens da SporTV que gravei naquela tarde de sol de 6 de maio de 2007. Faltam exatamente oito segundos para terminar o encontro e as câmaras de televisão já focam um desolado Essien, agachado, extenuado pelo esforço, de semblante carregado, parecendo antever o inevitável. Essien era a imagem da derrota, e a câmara de tevê fez questão de mostrar isso ao mundo. O árbitro apita o fim do jogo e, enquanto José Nunes, o jornalista da rede de televisão portuguesa, afirma "campeonato entregue, Manchester United é o novo campeão inglês!", as câmaras das tevês inglesas já focalizam José Mourinho. Afinal, era chegada a hora de mostrar ao mundo a reação do *Special One*, de *José*, no momento da derrota. Aquilo que muitos julgavam ser o último segredo de Mourinho seria agora, finalmente, revelado ao planeta.

Pelas câmeras vemos, então, Mourinho, ainda no banco de reservas, após o apito final do árbitro, dar um abraço nos seus dois assistentes, um abraço frio, quase mecânico, com um olhar disperso, deixando perceber que um turbilhão de ideias lhe passava naquele momento pela cabeça. Passariam? Vê-se, então, Mourinho, com passo firme e decidido, entrar em campo. As câmaras de televisão passam, nesse mesmo momento, para outros atores: Essien, que mantinha ainda o mesmo ar desconsolado, perdido, limpa o suor da testa com a camisa; Kalu deita-se no gramado e contempla o céu até que alguém o levante; o capitão John Terry se agacha, apoia as mãos nos joelhos e observa de maneira pensativa o gramado iluminado pelo sol que continua a brilhar intensamente. São imagens que inspiram o jornalista da SporTV, que faz o comentário ao jogo: "... mas o Chelsea caiu de pé, com uma exibição de grande profissionalismo, de grande atitude e grande caráter aqui no campo do Arsenal". A imagem volta a mudar e vê-se de novo José Mourinho caminhando, decidido e apressado, no gramado do Emirates Stadium. Passa pelo goleiro adversário, Ian Lehmann, e, sem se deter, sem sequer abrandar o passo, dá-lhe um aperto de mão. Na hora da derrota para onde irá? Daquela forma, apressada e decidida, o que irá fazer?

É nessa altura – do aperto de mão a Lehmann – que o jornalista começa a antecipar aquilo que, quanto a mim, seria uma das mais fantásticas e mais intensas manifestações de liderança de José Mourinho: "... e reparem na forma como Mourinho cumprimenta companheiros e adversários, saindo com toda a dignidade deste jogo...". E é concomitantemente a essas palavras que se vê Mourinho, que continua a andar e a olhar fixamente para a arquibancada onde estão os torcedores do Chelsea, apontar, de braço firme, esticado, diria mesmo totalmente hirto, para seus jogadores. Aponta para torcedores, vira o rosto e, sempre apontando, olha para os seus jogadores. A realização é extraordinária com a câmara a perder-se num maravilhoso bailado ao redor do "homem do momento", ainda que não pelas razões que ele e os torcedores *blues* certamente desejariam. Muda novamente a imagem e agora, apenas um décimo de segundo depois, José Mourinho tem uma nova câmara bem atrás dele que, de repente, o fixa de costas, pequeno, minúsculo, de tamanho insignificante perante o cenário gigantesco dos torcedores do Chelsea, que se posicionam à sua frente e que, tanto quanto o plano da câmara alcança, enchem por completo as arquibancadas do estádio do Arsenal. Contudo, essa imagem da dimensão reduzida do homem só fez realçar ainda mais a grandeza e o impacto do seu gesto. É nesse momento que Mourinho leva pela primeira vez a mão esquerda ao queixo, ao mesmo tempo que eleva ligeiramente a cabeça para cima a ponto de ter de baixar os olhos para poder olhar a multidão. As costas da mãos continuam a tocar o queixo. Então podemos perceber sua intenção.

Na hora da derrota, Mourinho vai se juntar a sua *tribo*, uma tribo que perdeu, sim, mas de cabeça erguida e por isso merece todo o aplauso. É justamente esse o significado do seu gesto. Os jogadores do Chelsea perderam, é verdade, mas perderam de cabeça bem erguida, caíram como campeões que eram, e isso merece aplauso.

Eu via essas imagens em Setúbal, a terra natal de Mourinho em Portugal, e imediatamente as decodifiquei. Há gestos que são universais.

No Emirates também os torcedores ingleses do Chelsea captaram a mensagem, e imediatamente irromperam em aplausos aos campeões que dessa vez não levaram o título. Afinal, era esse o desejo de Mourinho: homenagear os seus jogadores na hora da derrota. Começamos a ouvir o comentarista Joaquim Rita, que entra na "locução da televisão" para dizer: "Este é o exemplo do grande líder, que jogou tudo para tentar evitar a derrota. Não foi capaz... sobretudo o segundo tempo do Chelsea foi fantástico... e costuma dizer-se que as árvores morrem de pé e os grandes campeões também. É um pouco a imagem que me deixa este Chelsea". E a imagem foca, nesse preciso momento, o abraço forte, sentido, cúmplice, de José Mourinho no segundo capitão Frank Lampard. Nesse momento, a maioria dos jogadores do Chelsea já estava junto a Mourinho, agradecendo pelos aplausos ininterruptos dos seus torcedores. Mourinho abraça então Lampard e estica, ao mesmo tempo, um dos braços a Terry, o capitão. É o momento do abraço entre os três líderes do Chelsea operacional, do Chelsea do campo, do Chelsea que sente o cheiro da grama, do Chelsea que ganha e perde dentro das quatro linhas: treinador e capitães. Uma imagem que, obviamente, não passa despercebida ao comentador: "... e aqui uma imagem dos dois líderes, Lampard e Terry, que se veem abraçados a Mourinho", e também ao jornalista que conduz a transmissão e que complementa as palavras de Joaquim Rita: "... aí está, imagens de fato muito marcantes e que irão, seguramente, correr o mundo neste dia em que o Chelsea entrega o título de campeão ao Manchester United". Nesse momento as imagens já mostram os jogadores do Chelsea vestidos apenas com os calções, já que as camisas, e até a braçadeira de capitão de John

Terry, foram jogadas para as arquibancadas, num gesto de agradecimento ao apoio da torcida. Quanto aos torcedores, alguns choram, fato sublinhado na reportagem da televisão, mas nenhum se cansa de aplaudir na hora da derrota. E aquilo que, em muitos casos, seria uma hora de silêncio, de baixar de braços, de desalento, transformou-se, afinal, numa celebração e, porventura mais importante, numa espécie de projeção da festa que se iria seguir, duas semanas depois, no novíssimo Estádio de Wembley – momento em que o Chelsea iria enfrentar o novo campeão Manchester United na carismática final da Taça de Inglaterra. Foi nesse momento que, em Setúbal, sentado no meu sofá, sozinho, triste pela derrota do meu amigo, dei um ligeiro sorriso e disse para mim mesmo: "Como eu te conheço bem. O campeonato já é passado, já não te interessa para nada. Está já preparando o próximo jogo, já começou a preparar a final. Esta homenagem que está fazendo aos jogadores não é mais do que o início da preparação do jogo com o Manchester, ao nível da motivação e da autoestima. Sim, senhor, a final da Taça de Inglaterra, pelo menos para o Chelsea, já começou..."

José Mourinho perdeu, ali, o campeonato inglês, mas se tivesse ganhado seria a mesma coisa. O momento vale isso mesmo, o milésimo de segundo em que acontece. O presente é apenas algo que constantemente já passou. O futuro é o que importa em cada momento presente e, como tal, vivido, e é a projeção que fazemos desse futuro que faz de nós aquilo que somos. José Mourinho é, assim, um predador de vitórias, mas só daquelas que estão por vir. Por isso, por mais paradoxal que pareça, as vitórias, tanto quanto as derrotas, não interessam muito. O que conta é apenas o que ainda não se conseguiu.

Ainda sentado no meu sofá, já com os jogadores e treinadores do Chelsea e Arsenal recolhidos aos vestiários, comecei a recuar no tempo, cerca de dois anos antes, em junho de 2005.

Após onze anos, finalmente o Benfica ganhara um título de campeão nacional. O treinador, Giovanni Trapattoni, era um italiano já com alguma idade, na casa dos sessenta, e, portanto, muito experiente. O Benfica é, sem dúvida, o maior clube português, e ficar dois anos consecutivos sem ganhar já era um drama para seus torcedores, – que são alguns milhões –, que dirá onze. Imagine. Foi "só" o mais longo período da história do clube sem vencer o campeonato português. Natural, portanto, que a festa fosse imensa entre os associados e simpatizantes do clube. Mas entre os seus jogadores e dirigentes tal coisa também seria natural? Sim, se o clube não tivesse mais nada para ganhar nessa temporada, o que não era o caso. O Benfica sagrou-se campeão nacional e, oito dias depois, tinha encontro marcado com o Vitória de Setúbal, no Estádio Nacional, para disputar a Taça de Portugal. Nessa época eu era administrador para o futebol do Vitória Futebol Clube/SAD. Todos nós, dentro do clube, tínhamos a ideia da dimensão do problema que era ganhar do Benfica. Efetivamente, tínhamos a plena noção de que "eles" tinham uma melhor equipe do que "nós" mas, porque não há, no futebol e até na vida, vencedores antecipados, estávamos fazendo de tudo para contrariar o favoritismo do Benfica. Foi dessa forma que decidimos colocar a equipe para treinar na semana que antecedeu o jogo num centro de estágio desportivo no interior do país.

Enquanto trabalhávamos e descansávamos, víamos o Benfica em festa durante toda a semana. Dirigentes, equipe técnica e jogadores festejavam o título ganho no final de semana anterior. Nessa semana houve festas quase todos os dias, até quarta ou quinta-feira e, na noite de quinta para sexta, dois ou três jogadores do Benfica foram flagrados celebrando em discotecas a altas horas da madrugada. O resultado final de tudo isso foi a derrota do Benfica por 2-1. Uma derrota justíssima, que ninguém colocou em questão, já que os jogadores do Benfica pouco fizeram para ganhar. Nos meus pensamentos voltei a Mourinho para concluir que, com ele, nada disso aconteceria. Nunca. Por quê? Com Mourinho pensa-se no futuro, sempre; naquele caso, o do Benfica, pensava-se e celebrava-se o passado, apenas, sem olhar para o futuro. E ninguém se deu conta disso; e ninguém se importou com isso. E assim celebraram uma vitória quando, se colocassem os olhos no futuro, poderiam ter celebrado duas. Foi assim, fazendo a comparação entre o Benfica, na hora da primeira vitória após onze anos, e José Mourinho, na hora da primeira derrota de sempre, que entendi a resposta de Mourinho a todos aqueles, incluindo eu, que se questionavam como iria ser o momento da derrota para José Mourinho. Foi a resposta de um grande campeão e, acima de tudo, de um grande líder. Foi a resposta que preparou a vitória duas semanas depois, na final da Taça de Inglaterra, ao começar, ali mesmo, a motivar seus jogadores, a unir seus torcedores, a reforçar os laços do grupo e a consolidar a sua liderança. E eu penso que a maior parte das pessoas entendeu isso mesmo, de tal forma que nem mesmo entre os seus rivais houve grandes manifestações de regozijo, porque reconheceram a grandeza do momento de Mourinho como homem, como treinador e como líder. Muitos começavam a chorar uma derrota que já não tinha solução; Mourinho já estava pensando e preparando o próximo desafio, a próxima vitória.

De resto, não é difícil entender que assim seja. Um líder, seja ele qual for, só o é enquanto permanece focado no futuro — futuro esse, porém, vivido, como foi dito, a partir da emoção do momento presente, única instância eficaz. Por quê? Justamente porque o líder é aquele que já viu o que os outros ainda não viram, é aquele que, de alguma forma, já esteve no futuro, já teve a visão, a percepção do que vai acontecer, do caminho que terá de trilhar, de percorrer. É, no fundo, aquele cujo "filme-no-cérebro", como diria António Damásio, já aconteceu.

Não resisto a colocar aqui e agora as palavras de Didier Drogba, atleta da Costa do Marfim e jogador de Mourinho no Chelsea, em entrevista transcrita pelo jornal *Correio da Manhã*, na sua edição de 26 de maio de 2008: "No banco, ouvi-o descrever o que ia acontecer de uma forma quase cirúrgica. Às vezes isso era quase inquietante. Como se ele pudesse prever o futuro".

Em março de 2010, quando entrevistei Didier Drogba para este livro, pedi que desse um exemplo que ilustrasse sua afirmação:

*Lembro-me, por exemplo, da primeira vez em que fomos a Barcelona jogar na Liga dos Campeões, na temporada de 2004/2005. Foi o primeiro jogo e ainda tínhamos de disputar o segundo na Inglaterra, em nossa casa. Nesse jogo eu levei um cartão vermelho e considero que o árbitro não esteve bem. No final, Mourinho foi particularmente duro com o árbitro e fez-lhe muitas críticas. Depois da coletiva de imprensa, ele voltou para o vestiário e nos contou o que falou para os jornalistas, e falou muito mal do árbitro. Depois nos disse: "E vocês vão ver, lá em Stamford Bridge vamos ter o Colina apitando o jogo [Pierluigi Colina, considerado ainda hoje o melhor árbitro do mundo de todos os tempos]. Vocês vão ver, é certo". E quem foi o árbitro na Inglaterra? Pode ver: Colina! Inacreditável!!!*

*— Podemos dizer que Mourinho está* one step ahead *[um passo à frente]?*

*— Podemos dizer que pelo menos tenta; este é o exercício constante dele e o consegue na maior parte das vezes. Repare, quando um jogo de futebol começa é preciso pensar rápido e estar preparado para dois cenários: o mau e o bom. Ora, quando conseguimos antecipar os dois e saber agir perante qualquer um deles é mais fácil compreender e disputar o jogo. Um exemplo do que acabei de dizer é a preparação de Mourinho para os jogos da taça. Ele nos prepara como se fôssemos jogar com uma equipe da primeira divisão. Ele nos mostra vídeos, como a equipe joga, qual o melhor jogador, quais os pontos fortes e os pontos fracos da equipe, enfim, tudo, até o mais pequeno detalhe. Para ele não há jogos fáceis e temos sempre de respeitar o adversário, seja ele qual for. Essa forma de agir é fantástica.*

Ora, aproveitando essa ideia de "estar à frente", seria interessante perceber como as pessoas, em geral, veem José Mourinho como figura pública. Para a maioria, Mourinho será olhado como treinador – no fundo, a profissão que desempenha – ou como líder, um estatuto decorrente do seu trabalho mas não menos importante para o desempenho desse mesmo trabalho.

Não tenho a menor dúvida de que, no mundo do futebol, aquele em que se move profissionalmente, Mourinho seja visto como um treinador de futebol, afinal, aquilo que intrinsecamente é.

A questão que aqui se coloca é, porém, de outro âmbito. É uma questão de muito maior abrangência, ou seja, o que nos interessa agora é tentar perceber, aproveitando o caráter de figura mediática global da qual Mourinho goza, de que forma a maioria das pessoas, espalhadas um pouco por todo o mundo, o veem: se como treinador de futebol, se como líder influenciador de massas. É que só a partir da segunda visão, uma vez verificada, poderá ser possível retirar os ensinamentos necessários para aquilo que aqui se pretende: o *transfer* de certo "*Mourinho's way*" para o mundo organizacional em geral. É dessa forma, aproveitando a visão externa que dele têm, que poderemos analisar. Julgo, por isso, interessante, para melhor entendimento da temática, relembrar a campanha publicitária da American Express, que escolheu José Mourinho como o rosto da empresa para todo o mundo, à exceção dos Estados Unidos, país que, como se sabe, pouco se interessa por futebol.[4] Desde logo, entenda-se o tipo de produto que a Amex vende – cartões de crédito – e, portanto, o público-alvo que pretende atingir – a classe média/média alta. Para este tipo de produto escolheu Mourinho para passar um tipo de mensagem. Os profissionais do departamento de marketing da Amex não escolheram, contudo, a imagem de Mourinho como treinador de futebol, logo, o homem no banco de reservas comandando a sua equipe, ou treinando-a, ou em qualquer uma das suas atividades específicas como técnico. Em vez disso, fizeram passar uma imagem bem diferente, valendo-se de vários *spots* ilustrativos da mensagem que pretendem passar, da mensagem que José Mourinho naturalmente faz passar. Qual foi ela? Vamos à descrição dos diferentes *spots*.

Num deles, Mourinho entra em seu automóvel e, de marcha à ré, inicia o caminho para sair do seu jardim, cujo portão que dá para a rua já está aberto. De repente, Mourinho freia com alguma violência e o jipe para de imediato. O espectador pergunta-se o que o terá feito frear. Ele continua imóvel, olhando para trás quando, de súbito, se

---

[4] A título de curiosidade de cinema, nos Estados Unidos a figura escolhida para substituir José Mourinho na campanha promocional da Amex foi o célebre ator Robert de Niro.

vê passar, do lado de fora do portão, uma bola; logo em seguida uma criança correndo atrás da bola, em seguida uma senhora correndo atrás da criança. Conclusão: José Mourinho está um passo à frente; é difícil apanhá-lo desprevenido.

Num outro *spot*, Mourinho vai deixar o filho na escola. Entrega a criança e, ainda no jardim da escola, abre o seu guarda-chuva. Mais alguns segundos e cai um temporal sobre ele. As pessoas correm tentando abrigar-se porque mais ninguém carrega guarda-chuva. Mourinho segue tranquilamente seu caminho debaixo do seu guarda--chuva, sem que a intempérie o incomode. Conclusão: Mourinho previu aquilo que mais ninguém previu; Mourinho antecipou-se.

Num outro, Mourinho encontra-se no corredor que leva ao seu escritório e é abalroado por um funcionário que traz na mão uma xícara de café. A camisa de Mourinho fica completamente inutilizada, tal é o tamanho da mancha que o café deixou. O funcionário desfaz-se em desculpas. Mourinho diz que não há problema. Na imagem seguinte vê-se Mourinho entrar em seu escritório, dirigir--se a um armário e tirar uma camisa igual, que estava ali pronta para uma emergência. Conclusão: Mourinho não se deixa surpreender; Mourinho prevê e antecipa-se às contingências da vida.

Ainda noutro, e no único que tem a ver com futebol, vê-se Mourinho explicando aos seus jogadores como marcar um escanteio. Como a bola tem de ser batida, como terá de ser a movimentação. A imagem seguinte é já a do próprio jogo, onde se vê um jogador "bater" um escanteio. A imagem passa então para Mourinho, tranquilo no banco de reservas e com milhares de torcedores atrás dele, na arquibancada, comemorando efusivamente o gol que resultou daquele escanteio. Mourinho nem pisca, porque já sabia que, conforme ele havia dito, só tinha de resultar em gol. Conclusão: Mourinho é competente, explica como se faz e, se fizerem assim, obterão resultados fantásticos.

Num último *spot*, uma suposta filha de Mourinho rabisca um papel na mesa da cozinha enquanto espera que a torrada "salte" da torradeira. Mourinho entra na cozinha no exato momento em que a torrada dispara no ar. Mourinho está lá e, sem esforço, agarra-a. Coloca a torrada no prato que está ao lado, faz uma carícia na menina e, naturalmente, segue o seu caminho rumo à porta da cozinha. Conclusão: até em momentos simples Mourinho naturalmente prevê.

A cereja do bolo dessa mensagem vem sempre no final de cada *spot*, com a frase proferida por José Mourinho: "*My life is about keeping one step ahead. That's why my card is American Express*" [Minha vida é estar um passo à frente. Por isso meu cartão é American Express]. Nada disso é inocente, claro. Os criadores da propaganda da Amex sabem muito bem que mercados exploram, que veículo promocional têm em mãos e de que forma conseguem atingir o seu público-alvo. Com Mourinho-treinador? Não! Com Mourinho-líder, e a imagem dessa liderança nos é transmitida de diversas formas e em diferentes contextos, mas sempre com um denominador comum: Mourinho antecipa-se aos outros, vê o que os outros ainda não viram. Assim sendo, não encontro imagem mais forte, mais poderosa na liderança atual, do que justamente esta, a de alguém que já viu o caminho antes dos outros, porque liderar é comandar, é conduzir, é guiar os liderados por caminhos desconhecidos, porque em nossos dias, com a mudança instalada em nossa vida, é disso mesmo que se trata quando falamos de liderança: a mudança leva-nos para o desconhecido, para o incerto; o líder nos conduz, nos guia nesse caminho desconhecido, nesse caminho incerto, porque de alguma forma já esteve lá (visionário), já viu esse caminho e sabe que é por ali. É óbvio que a liderança não se confina a essa noção, mas temos como certo que ela passa muito por aqui. A mudança nos traz desconforto, porque ela é e nos sugere o incerto, o desconhecido. É por isso que precisamos de alguém que nos guie nesse caminho desconfortável porque desconhecido. Como a mudança veio para ficar, também os líderes vieram para ficar e, com eles, a cada vez mais acentuada discussão da temática.

Também assim se entende que eles, os líderes, acabem por ser um pouco como nossos heróis, os heróis do dia a dia, de carne e osso, presentes, tangíveis, que, por isso e dessa forma, além de nos conduzirem, nos inspiram, despertam o melhor que há em nós e até nos fazem sonhar. Tal como afirmou William Shakespeare, por meio do personagem Próspero, protagonista de *A tempestade:* "Nós somos feitos da matéria dos nossos sonhos".

Quem não gostaria hoje de ser um pouco, pelo menos, como Mourinho? O homem de sucesso, competente, destemido, corajoso, atraente. Afinal, quem não gostaria de ser hoje Mourinho, o herói romântico dos nossos dias? É essa a imagem que nos é dada pelo departamento de marketing de outra grande multinacional: a Samsung.

Nas imagens publicitárias que passaram em todo o mundo podemos ver Mourinho atirando-se de paraquedas de um helicóptero, fazendo um *rappel* de uma janela para o solo ou saltando do telhado de um prédio a outro para finalmente entrar, impecavelmente vestido, de terno e gravata, na sala de reuniões de um importante executivo. Aqui Mourinho é comparado, nada mais nada menos, a James Bond, o famoso agente secreto a serviço de Sua Majestade, a Rainha da Inglaterra. Mourinho é, assim, *007*, o herói romântico dos nossos dias que, com a sua coragem, capacidade de decisão em momentos de *stress*, com o seu autossacrifício, inteligência, competência etc., é o homem que nos faz sonhar e que todos tendemos a imitar um pouco, porque Bond é outro herói, outro líder dos nossos tempos, que influencia multidões nos mais diversos níveis. E também ele, Bond... James Bond, é aquele que antecipa, que prevê e que não se deixa surpreender; caso contrário havia muito estaria morto com as forças do mal ganhando a "terrível batalha" que travam com as forças do bem, das quais *007* é seu mais ilustre representante e defensor.

Parece-me claro, pois, que José Mourinho não é hoje visto apenas como um treinador de futebol. A sua figura mediática há muito ultrapassou essa barreira. José Mourinho, hoje, arrasta multidões que querem vê-lo sempre que chega a algum local, influencia milhares de jovens e adultos; não só pela sua forma de ser, mas também pela sua "desmazelada" aparência – na qual a barba sempre por fazer é talvez o seu maior ícone –, as empresas gostariam de tê-lo como garoto-propaganda de suas marcas. Definitivamente, José Mourinho não é mais, hoje, apenas um treinador de futebol. José Mourinho é um ícone mundial de moda, de sucesso, de competência, porque ele influencia nos mais diversos níveis e nas mais variadas formas. É por isso que ele é um ídolo, um líder mundialmente famoso. Assim, estamos perante que tipo de líder? Que líder, afinal, é esse que em apenas quatro, cinco anos se tornou a figura pública global que hoje é? Que líder é este que, em tão pouco tempo, atingiu o sucesso e leva seus seguidores a conseguirem feitos extraordinários, às vezes superiores à sua própria valia? Que líder é esse sobre quem Manuel Sérgio[5] se referiu como um "treinador novo para um futebol novo" (Sérgio, 2003: Prefácio) e que, quando abandonou o futebol inglês, mereceu – fato absolutamente inédito – do primeiro-ministro britânico Gordon Brown uma nota escrita à imprensa em que assumia: "*José Mourinho has made a significant contribution to British football in a short period of time and he's also one of the great characters of the game*" [José Mourinho deu uma significativa contribuição para o futebol britânico em um curto período de tempo e ele também é um dos grandes personagens do jogo.], entre milhares de outros destaques que se poderiam citar aqui.

```
PA SNAP, 11,39, 20/09/07 Prime Minister Gordon Brown,
"Jose Mourinho has made a significant contribution
to British football in a short period of time and
he's also one of the great characters of the game."
```

Claramente, José Mourinho é um líder diferente, com um discurso diferente e uma forma de estar diferente. Essas diferenças foram visíveis logo no início da sua carreira, não só por aquilo que muito repentinamente ganhou quanto pela forma como se impôs aos seus seguidores, aos jornalistas, enfim, como se afirmou em uma profissão a serviço de clubes altamente mediáticos e mediatizados. Vejamos, então, o quadro das suas principais vitórias:

---

5 Filósofo do esporte e antigo professor de Mourinho.

**2009-2010 (Inter de Milão)**
Vencedor da Liga dos Campeões
Campeão italiano
Vencedor da Taça de Itália

**2008-2009**
Vencedor da Supertaça de Itália
Campeão italiano

**2007-2008 (Chelsea FC, apenas até outubro de 2007)**
Recorde de 66 jogos consecutivos em casa na Premier League sem perder

**2006-2007 (Chelsea FC)**
Vencedor da Taça de Inglaterra
Vencedor da Taça da Liga Inglesa
Semifinalista da Liga dos Campeões

**2005-2006 (Chelsea FC)**
Campeão inglês (1° lugar Premier League)
Vencedor da Supertaça Inglesa
Treinador do ano pelo site da UEFA
Melhor treinador do mundo pela IFFHS

**2004-2005 (Chelsea FC)**
Campeão inglês (1° lugar Premier League)
Vencedor da Taça da Liga Inglesa
Semifinalista da Liga dos Campeões
Treinador do ano pelo site da UEFA
Melhor treinador do mundo pela IFFHS

**2003-2004 (FC Porto)**
Vencedor da Liga dos Campeões
Campeão português (1° lugar Superliga)
Vencedor da Supertaça de Portugal

## 2002-2003 (FC Porto)
Vencedor da Taça UEFA
Campeão português (1° lugar Superliga)
Vencedor da Taça de Portugal

Ora, tudo isso e mais alguns prêmios e distinções individuais foram conseguidos em apenas cerca de meia dúzia de anos. A seguir, veja o quadro de trabalho de Mourinho, com os clubes por onde passou e os respectivos cargos que desempenhou:

### Treinador Principal:
**2000/01** Benfica (2 meses)
**2001/02** União de Leiria (6 meses)
**2001/02** FC Porto (a partir de janeiro de 2002)
**2002/03** FC Porto
**2003/04** FC Porto
**2004/05** Chelsea
**2005/06** Chelsea
**2006/07** Chelsea
**2007/08** Chelsea (2 meses)
**2008/09** Inter de Milão
**2009/10** Inter de Milão

Antes de ser Treinador Principal:
Treinador Júnior do Vitória de Setúbal
Estrela da Amadora, Adjunto Manuel Fernandes
Sporting, Adjunto Bobby Robson
Porto, Adjunto Bobby Robson
Barcelona, Adjunto Bobby Robson
Barcelona, Adjunto Louis van Gaal

Por fim, vejamos, ainda, como o próprio Mourinho pensa que é visto pelos outros:

*Em nível mundial, abrangendo outro tipo de culturas e não apenas pessoas do futebol, acho que me veem mais como líder, como gestor de recursos humanos, alguém que consegue retirar um bom rendimento das pessoas que comigo trabalham, alguém que consegue atingir resultados numa determinada área – nesse caso o futebol –, mas que poderia atingir resultados numa outra qualquer área, tendo em conta as minhas características de liderança.*

*Relativamente ao mundo do futebol, se perguntarmos hoje à grande maioria dos jogadores que comigo trabalharam quais os momentos que eles guardam de mim, que momentos os marcaram mais, eu acredito que, mais do que eles responderem que foi esta ou aquela substituição no jogo tal, ou que na vitória X foi a decisão Y, mais que qualquer aspecto técnico das minhas decisões, o que verdadeiramente os marcou, o que mais lhes ficou na memória foram as características da minha personalidade, se quisermos, as características da minha liderança, a forma como liderei o grupo, enfim, a forma como os marquei em termos humanos. É isso que eu acho, sem ter feito nunca esse tipo de pergunta a alguém, nomeadamente, a algum jogador com quem já tenha trabalhado no passado.*

# 2 O PARADIGMA DA COMPLEXIDADE

*Nós não vemos as coisas como elas são. Nós vemos as coisas como nós somos.* **Anaïs Nin, escritora francesa, 1902-1977**

Iniciamos este capítulo com um exemplo de como José Mourinho disciplina suas equipes. Trata-se de um caso prático, tão só um exemplo, como referi, mas ilustrativo de certa forma de estar e ver o futebol, as coisas, a vida, o mundo. Talvez, por agora, não seja fácil ao leitor entender estas minhas palavras por meio do exemplo que passo em seguida a transcrever. Questionar-se-á, talvez, sobre o que terá isto a ver com a perspectiva da complexidade. É natural que tal aconteça. Contudo, não se incomode nem se sinta desconfortável. Ainda neste capítulo vai estar apto a entender as palavras que se seguem de José Mourinho sobre como, num caso concreto, disciplinar uma equipe quando os sinais de indisciplina começam a aparecer. No final da temporada de 2002/03, depois de a equipe do FC Porto ter ganhado tudo, ou seja, a Liga Portuguesa, a Taça de Portugal e a Taça UEFA, José Mourinho temeu por uma mudança de atitude por parte dos seus jogadores:

> *[A]pós o sucesso da primeira temporada, em que ganhamos tudo o que havia para ganhar, tive "medo" da segunda [temporada]. Tive "medo" relativamente à abordagem da temporada por parte dos jogadores, sobretudo em nível mental, psicológico, em nível de motivação, do comportamento, do crescimento no bom ou mau caminho, no estatuto de alguns jogadores... E a principal preocupação que me ocupou na operacionalização para manter o grupo "sob controle" foi "ampliar" o meu modelo, fazê-lo evoluir para um modelo de jogo mais rigoroso.*
> *Na primeira temporada houve a necessidade de afirmação pela qualidade de jogo. Não só pelo resultado, mas também pela qualidade de jogo.*

*Na segunda temporada não havia a necessidade dessa afirmação e preferi ir pelo caminho do controle interior do grupo, através da rigidez e disciplina de jogo. Tive "medo" que o estatuto levasse alguns jogadores a interpretarem a liberdade que tinham em campo de uma forma negativa. E a verdade é que, durante o período preparatório, fui tendo sinais nesse sentido. Por exemplo, na Alemanha, tive de substituir o Maniche aos 20 minutos de jogo... Portanto, fui vendo determinados tipos de comportamentos que me levaram a pensar que era melhor "encurtar a rédea". Não era com medo que se deitassem mais tarde ou que bebessem mais copos, era dentro do próprio jogo. Então decidi que aquela disciplina que nos caracterizava na primeira temporada, dentro daquele padrão de jogo, não se podia perder, e que o rigor tático devia aumentar. Eu sabia que, para o campeonato nacional, qualquer das duas opções me seria suficiente para ganhar facilmente: o meu 1x4x3x3 ou o meu 1x4x4x2. Assim, aproveitei o seu maior rigor em termos de disciplina tática, em termos de posições e de funções, para trabalhar muito mais à volta do 1x4x4x2.[6] Porque essa estrutura, da forma como eu a concebo, é muito mais tática que o 1x4x3x3.[7] Muito mais tática! No 1x4x3x3 há, logo na partida, uma ocupação perfeitamente equilibrada dos espaços, não é preciso ser muito "inteligente", não é preciso pensar muito... basta simplesmente que os jogadores ocupem as suas posições. Com o 1x4x4x2 é preciso pensar muito mais, porque o campo está ocupado de uma forma pouco racional, não existe ninguém aberto... Os laterais podem atacar em profundidade, mas, se o fazem, há descompensação em nível defensivo... Se tirar os jogadores do losango do meio-campo para as laterais, acabo por ficar só com um jogador no meio-campo... Se os dois centroavantes jogam demasiado em mobilidade e caem constantemente nas faixas, fico sem ninguém no meio para finalizar. É um sistema desequilibrador da partida, (...)*

---

[6] Esquema tático utilizado no futebol que traduz a disposição dos jogadores dentro do campo. No caso, a equipe joga com o goleiro, 4 defesas, 4 meios de campo e 2 atacantes.

[7] Aqui a equipe joga estruturada com o goleiro, 4 defesas, 3 meios de campo e 3 atacantes.

*é um sistema que tem coisas más. E, ao obrigar os meus jogadores a jogar nesse sistema tático, "obrigo-os" a ser naturalmente disciplinados, rigorosos e concentrados* (Mourinho *in* Oliveira *et al,* 2006: 77-8).

O que este exemplo nos prova? Por ora, digo-lhe apenas que no trabalho de Mourinho tudo está naturalmente integrado. Nada é visto ou trabalhado separadamente. Neste momento, interessa-me apenas que retenha uma noção: reparou que o ato de liderança de Mourinho – porque estamos falando de motivação, logo estamos falando de liderança, ou liderança em ação – é todo ele contextualizado no treino, em torno de uma bola, com as restantes componentes – tática, técnica, fisiológica etc. – que lhe estão associadas?

## Sob a perspectiva da complexidade

*Cnofmore a ivnetsiagãço rceente, as ltears de uma plavara pdoem ser clocoadas em qqauluer oderm dsede que a pirmiera e a útimla ltrea mnatehnam as saus psiçoeõs. As rsetnetas lerats pdoem ser clocodaas ao acsao, que lmeos na msmea. O ftao é que não lmeos ltera por ltrea, mas lmeos cdaa plavara cmoo um tdoo.*

Consegue ler o parágrafo acima transcrito? Obviamente que sim. No entanto, não existe nele uma única palavra que esteja escrita corretamente. Então, por que consegue ler? Justamente porque lê as palavras como um todo e não letra a letra, juntando-as, para só depois conseguir lhe atribuir um significado. A chave está, então, em naturalmente perceber a palavra antes de soletrá-la. De resto, este é um dos mais naturais atos do ser humano. Por defeito, é dessa forma que percebemos tudo o que nos rodeia, desde que nascemos: vemos primeiro o todo e só depois vemos as partes. Quando contemplamos um belo edifício, uma bela paisagem, um belo animal, olhamos em primeiro lugar para o seu todo e fazemos uma primeira análise. Só depois vamos às partes. No caso do edifício, por exemplo, absorvemos primeiro o seu todo, que nos causa logo uma primeira reação.

Só a seguir, então, se acharmos que vale a pena, analisamos os elementos em separado. É natural que observemos a porta de entrada, as janelas, as varandas, a escadaria principal e por aí afora. O todo é, pois, a nossa primeira e natural percepção das coisas no mundo que nos rodeia. Contudo, agimos na nossa vida precisamente de modo contrário, na maior parte dos casos. Recorda-se de como aprendeu a ler e a escrever? Não foi, com certeza, absorvendo a palavra como um todo. Foi juntando as letras, depois de aprender a reconhecê-las isoladamente, e, juntando-as, aos poucos, dava-lhes então o sentido final. Recorda-se também de, quando era criança, tentar ler as legendas nos filmes e elas passarem antes de ter conseguido ler toda a frase? A partir de determinada altura isso parou de acontecer. Vitória!

Já lia toda a frase antes de ela sair da tela, já podia ver filmes com tradução. Essa vitória aconteceu quando decorou as palavras como um todo, já não tinha necessidade de juntar as letras para lê-las...

Contudo, como já afirmei, a nossa história não é essa. O nosso raciocínio, a nossa maneira de ser e de observar não é, de todo, essa.

Para melhor compreendermos o que acabei de afirmar, temos de recuar um pouco no tempo, cerca de quatro séculos.

Aí, encontramos o fundamento do nosso pensamento, ou método científico, que modela toda a nossa maneira de ser e de agir neste mundo. Temos, então, de perceber o paradigma do positivismo reducionista a que o filósofo Edgar Morin chamou de paradigma da simplicidade ou do reducionismo. Trata-se de um paradigma de pensamento científico que atravessou a história do pensamento ocidental desde o século XVII até aos nossos dias. René Descartes deu-lhe o impulso primário, ao separar, no homem, corpo e mente. Da evolução do "*cogito, ergo sum*" (penso, logo existo) nasceu aquilo a que se convencionou chamar de o "método científico". Aquela afirmação, considerada a mais famosa da história da filosofia, surgiu pela primeira vez na quarta seção de *O discurso do método*, em 1637, e sugere-nos a ideia de que só no pensamento ou no ato de pensar se encontra o fundamento do existir. Ou, se quisermos, por meio da instrumentalização da matéria, existimos em separado como corpo e mente.

Com essa premissa, entendemos em Descartes a lógica que separa a *res cogitans* (coisa pensante) da *res extensa* (coisa material). Esta última advém e só pode existir e ter substância na primeira. Ora, foi justamente nessa divisão primeira – mente/corpo – que se fundou e desenvolveu o moderno método científico. A divisão, a separação, a hierarquia, são noções mestras de um pensamento operacionalizado em um método que atravessou os quatro últimos séculos da história ocidental. Desse método resultou, então, a separação clara do domínio do humano, como reflexão sobre a sua natureza – entregue à filosofia –, e do domínio da matéria e/ou corpo – entregue ao conhecimento científico. Filosofia e ciência seguiram, dessa forma, caminhos diferentes e separados e, ao fazê-lo, dificilmente poderiam socorrer-se uma à outra, interagir e cooperar, logo, fecharam-se sobre si mesmas. Em resultado disso mesmo, entende-se o paradigma da simplicidade e o seu objetivo: o seu princípio "quer separa o que está ligado (disjunção), quer unifica o que está disperso (redução)" (Morin, 2003: 86).

Tomando o homem como referência, Edgar Morin deixa-nos um exemplo ilustrativo:

> *O homem é um ser evidentemente biológico. É ao mesmo tempo um ser evidentemente cultural, metabiológico e que vive num universo de linguagem, de ideias e de consciência. Ora estas duas realidades, a realidade biológica e a realidade cultural, o paradigma da simplificação obriga-nos quer a separá-los quer a reduzir a mais complexa à menos complexa. Vai portanto estudar-se o homem biológico no departamento de biologia, como um ser anatômico, fisiológico etc., e vai estudar-se o homem nos departamentos das ciências humanas e sociais.*
>
> *Vai estudar-se o cérebro como órgão biológico e vai estudar-se o espírito,* the mind, *como uma função ou realidade psicológica. Esquece-se que um não existe sem o outro; ou melhor que um é simultaneamente o outro, embora sejam tratados por termos e conceitos diferentes.* (Morin, 2003: 86).

Com esse exemplo, no qual o homem nos surge como uma realidade diversamente ordenada, podemos indicar uma das grandes insuficiências do pensamento reducionista: ele não aceita a desordem. Ao contrário, segue o caminho da ordem esquecendo-se de que a desordem faz parte do Universo, uma vez que só frente a um contexto de desordem podemos entender a ordem, e vice-versa. Basta nos lembrarmos de Boltzman, citado em Morin (2003), que nos veio dizer que aquilo a que chamamos de calor não é mais do que a agitação em desordem de moléculas ou átomos. O paradigma reducionista vê o uno e o múltiplo, mas torna-se incapaz de compreender que o uno pode ser também, no mesmo momento, múltiplo. O cartesianismo separa e reduz o complexo ao menos complexo possível, porque acredita que separando, isolando e conhecendo em detalhe cada uma e todas as partes conhece finalmente o todo. Para esse paradigma, afinal, o todo é igual à soma das partes e nada mais que isso.

Podemos notar que já no século XX esse tipo de lógica deixou de dar respostas aos novos problemas e às novas questões que se colocaram e que foram colocadas pelo próprio homem. Um exemplo dessa insuficiência situa-se num domínio do humano e bem perto de nós, falando em termos temporais. Estou falando do Projeto Genoma Humano.

## Genoma humano e complexidade

O projeto de investigação científica de mapeamento do genoma humano, consensualmente aceito como um dos mais avançados empreendimentos da ciência contemporânea, ilustra de forma interessante os limites dos métodos reducionistas, bem como os desafios que se colocam a uma investigação conduzida sob a perspectiva da complexidade.

Dessa forma, podemos começar por colocar a pergunta: o que é o homem? A pergunta é milenar e, aparentemente, com o projeto do genoma humano, estaríamos à beira de conhecer a resposta. Esse projeto tentou dar-nos a resposta, e como estamos falando do mais evoluído e ousado cruzamento da ciência com a tecnologia, fundaram-se esperanças de que aquela pudesse, de facto, ser obtida. Inspirado fundamentalmente no paradigma cartesiano, que divide e separa para compreender o todo, o projeto dividiu o homem na menor divisão que a ciência atual pode conseguir: o gene. Assim, com o homem geneticamente dividido – isolado e descontextualizado – e, depois sequenciado, encontrou-se uma – não *a* – resposta: afinal somos, entre nós, humanos, geneticamente iguais em mais de 99,9%. Eu e o leitor somos geneticamente iguais em 99,9%. E que dizer de outra conclusão: somos praticamente iguais a um rato, com uma diferença genética de apenas 1%, e só depois vem a nossa proximidade ao macaco, com uma diferença de 2%. Somos, então, todos praticamente iguais? Deixemos as partes e olhemos o todo. O que é facto é que até um animal nos diferencia. O que significa, assim, o projeto do genoma? Significa, tão só, que o que é idêntico é a nossa sequência genética, não nós mesmos, os indivíduos em si.

*O que tudo isto quer dizer é que os genes, só por si, com os seus tipos e a sua quantidade, não são explicação cabal para modo de ser algum. Em outras palavras, simplificando e banalizando, o que foi descoberto é que os genes são como que a fotografia do ser humano, só que este ser humano, na sua essência, não é uma fotografia, mas um filme.* (Ilharco, 2004: 27)

O filme é, afinal, o sequenciamento lógico e natural de determinado número de fotografias, logo, o genoma, como fotografia de um filme que é o homem, é apenas uma pequena parte da explicação de um filme cujo final ainda não é conhecido. Daqui decorre que a resposta ao "quem somos" ou "o que somos" não pode ser encontrada, apenas, na nossa composição química, biológica ou genética, em suma, na matéria. No ensaio de Venter *et al.*, (2001), refere-se que a quantidade modesta de genes humanos – o arroz tem quase o dobro dos nossos genes... – significa que, para descobrirmos os mecanismos que geram as complexidades inerentes ao desenvolvimento humano e os sofisticados sistemas que mantêm a homeostase, temos de procurar em outro lugar. Ora, o outro lugar é a perspectiva da complexidade, aliás, como os próprios cientistas o admitem:

> *We will soon be in a position to move away from the cataloging of individual components of the system, and beyond the simplistic notions of "this binds to that, which then docks on this, and then the complex moves there..." to the exciting area of network perturbations, nonlinear responses and thresholds, and their pivotal role in human diseases.*
>
> *The enumeration of the "parts lists" reveals that in organisms with complex nervous systems, neither gene number, neuron number of cell types correlates in any meaningful manner with even simplistic measures of structural or behavioral complexity.*\* (Venter *et al.*, 2001: 1347)

Daí que os autores concluam que existem falácias no modelo de pensamento cartesiano que nos impedem de, pelas partes, chegar ao todo, logo, o gene só por si nunca dará resposta à pergunta "quem somos?".

> *There are two fallacies to be avoided: determinism, the idea that all characteristics of the person are "hard-wired" by the genome; and reductionism, the view that with complete knowledge of the human genome sequence, it is only a matter of time before our understanding of gene functions and interactions will provide a complete causal description of human variability. The real challenge of human biology,*

---

\* "Brevemente estaremos na posição de nos afastarmos do hábito de catalogar os componentes individuais do sistema, e acima das noções simplistas de 'isto está ligado àquilo, o que está limitando isto, e, por isso, o complexo...' para a área excitante das perturbações entrelaçadas, respostas e patamares não lineares e suas regras fundamentais nas doenças humanas. A enumeração de 'partes' revela que em organismos com sistemas nervosos complexos nem o número de genes, nem o número de neurônios ou células deste tipo estão correlacionadas de maneira significativa à mensuração simplista da complexidade estrutural ou comportamental."

*beyond the task of finding out how genes orchestrate the construction and maintenance of the miraculous mechanism of our bodies, will lie ahead as we seek to explain how our minds have come to organize thoughts sufficiently well to investigate our own existence.*\*\* (Venter et al., 2001: 1348)

Entende-se assim a dúvida que, afinal e contra todas as perspectivas, o projeto genoma veio desfazer: não é pelas partes que conseguiremos entender o homem. A resposta está no todo. Aliás, como bem referiu Hegel, "a verdade é o todo". De resto, as mais sofisticadas máquinas com a ciência mais avançada não nos conseguem distinguir entre cada um de nós (iguais 99,9%). Contudo, uma criança de oito ou nove meses, um cão ou um gato distinguem-nos perfeitamente. Por quê? Porque o projeto genoma humano olhou para nós com um olhar cartesiano, dividiu-nos e estudou-nos em pedacinhos, para depois, então, voltar a nos juntar. Uma criança, um cão ou um gato olham para cada um de nós, para um rato, para um edifício como um "todo", e é esse todo que aprende e percebe primeira e primariamente. Ora, é esse olhar sobre o todo que nos torna tão fácil e dramaticamente diferentes.

## O todo complexo e contextualizado

Foi Manuel Sérgio quem o afirmou: "Mourinho é um treinador novo". E o "velho" mestre sabia o que estava dizendo. Afinal, Manuel

---

\*\* "Duas falácias devem ser evitadas: o determinismo, com a ideia de que todas as características de uma pessoa são 'rigidamente moldadas' pelo genoma; e o reducionismo, a visão de que com o total conhecimento da sequência do genoma humano é apenas uma questão de tempo até nossa plena compreensão das funções dos genes e das interações que fornecerão uma descrição causal completa da mutabilidade humana. O verdadeiro desafio da biologia humana, além da tarefa de descobrir como os genes orquestram a construção e a manutenção do mecanismo milagroso que são os nossos corpos, ficará à frente, enquanto buscamos explicar como nossas mentes conseguem organizar os pensamentos de forma suficientemente boa para investigar nossa própria existência."

Sérgio conhece Mourinho desde os seus tempos de escola e, segundo Mourinho, Manuel Sérgio foi talvez a pessoa que mais o influenciou no início de sua vida estudantil até a profissional.

*Quando entrei para o Instituto Superior de Educação Física (ISEF), para me licenciar, precisamente, em educação física, houve um livro que me marcou pela negativa – mas que fui obrigado a estudar – e que é visto como uma "bíblia" da metodologia da educação física e do esporte. É uma obra de um tal Matveyev que foi – e ainda é – um marco no ensino relativo aos esportes individuais. Porém, em meu entender, uma coisa é um esporte individual com um homem a ser preparado para um determinado objetivo e outra é um esporte coletivo, onde um homem por si só nada vale. As qualidades que se podem trabalhar num esporte individual com um só atleta não têm nada a ver com as qualidades que se trabalham num esporte coletivo, ainda por cima em um esporte como o futebol, com onze jogadores – para não dizer vinte e tantos. Ora, revelei-me completamente discordante, como estudante minimamente atento e talvez até facilitador – já que eu só pretendia acabar o curso porque sabia que minha pesquisa posterior iria ser bem mais importante do que aqueles cinco anos de licenciatura.*

*Fui obrigado, ao mesmo tempo, a debitar a minha sabedoria sobre algo com que não concordava e a tentar desenvolver ideias sobre as quais estava em completo desacordo. O livro de Matveyev é, de fato, uma "bíblia" para os esportes individuais, mas de pouco vale para os coletivos. Acredito, hoje, que vai haver – e já está havendo – um corte com aquele passado, porque o homem é um ser complexo e, no caso concreto da minha profissão, no futebol, temos de perceber que onze homens à procura de um objetivo é completamente diferente de um homem à procura de um objetivo. Assim, a minha metodologia foi toda voltada nesse sentido. Depois recebi influências diversas baseadas na minha experiência. Manuel Sérgio, filósofo e meu professor no antigo ISEF [Instituto Superior de Educação Física], também foi fundamental na minha aprendizagem porque não me apresentou caminhos rígidos que eu teria de trilhar nem verdades feitas às quais eu deveria me agarrar, e sim pistas para novos entendimentos. Mas, para responder diretamente à pergunta, depois de tudo o que começaram a me ensinar, tive a necessidade interior de escolher outro caminho e escolhi o da complexidade.*

Essa forma de pensar de Mourinho contrasta com uma história que li, na obra *Vencedores natos*, de Robin Sieger. Acredito ser oportuno contá-la aqui, justamente para melhor percebermos o que estava em causa para Mourinho: aceitar passivamente as verdades feitas dos "grandes mestres" ou, em vez disso, questionar e buscar o seu próprio caminho.

*[Um] velho monge sensato ia rezar no templo todos os dias, antes do amanhecer. Assim, todas as manhãs, ao iniciar suas orações, o gato do templo se aproximava, esfregava-se nele e distraía-o. Um dia, o monge decidiu levar um cordel e prender o gato no altar enquanto rezava. Foi exatamente isso que passou a fazer, todos os dias, durante muitos anos. Um dia, o monge morreu, mas os jovens monges seguiram a tradição de atar o gato ao altar todas as manhãs, durante as rezas e, quando o gato morreu, arranjaram outro. Passados mais de cem anos atando gatos ao altar, alguém disse: "Isto é um disparate. Por que não arranjamos uma estátua?". Dito isto, arranjaram uma estátua e colocaram-na no altar. Cem anos depois, um outro monge disse: "Esta estátua é tão bonita, tão antiga e cumpre uma tradição tão maravilhosa que a devíamos colocar em cima do altar". À medida que os anos passavam, os monges sentavam-se e veneravam o gato, muito embora ninguém percebesse verdadeiramente por quê. Uma vez que o gato estivera sempre ali, alguma razão deveria existir para venerá- lo.* (Sieger, 2005: 109-10).

Costumamos aceitar com facilidade e demasiadas vezes o que nos apresentam como verdades absolutas, sem que nós as questionemos. A história acima contada é um bom exemplo disso. A posição de Mourinho, quando chegou à universidade, com apenas dezoito anos, diga-se, é um exemplo exatamente contrário. Porventura, foi ali que Mourinho iniciou o seu percurso de sucesso na vida.

    De fato, Mourinho é diferente. No seu trabalho nada está separado, descontextualizado ou isolado. Tudo tem a ver com tudo. Parte de uma base sistêmica, encontra "o fio da meada" e, a partir daí, tudo segue, numa sequência lógica, harmoniosa, quase perfeita. É dessa forma que, em Mourinho, nasce o novo jogo, o novo treino, o novo homem, a nova equipe e, enfim, o novo clube. Porque, efetivamente, não há pausas, não há interrupções, não há vazios. Um exemplo? Um jogador de uma equipe sua não deixa de ser parte do todo só porque não está treinando ou jogando. Quando está no período de descanso, ou dia de folga, em casa, ou em um qualquer evento social, ele continua a ser jogador da equipe, representando, de alguma forma, o resto do grupo e até a organização a que pertence. No fundo, um profissional é sempre e em qualquer circunstância um profissional. Essa qualidade intrínseca e constante não tira folga nem férias só porque não está desempenhando, de forma direta, a sua tarefa. Dito de outra forma, no que diz respeito a uma equipe de Mourinho, o próximo jogo está e tem de estar sempre lá, bem presente, em qualquer hora do dia ou da noite, desde que acabou o anterior. O jogador está sempre em jogo, mesmo quando não joga ou treina. Assim, se um jogador seu estiver em uma discoteca "tomando uns drinques" em uma quarta-feira qualquer antes de um jogo, ele está jogando esse jogo e já está jogando mal. É natural que seja substituído mesmo antes do início da partida propriamente dita. É por isso que, para Mourinho na lógica da não separação do que quer que seja, a época futebilística, o campeonato, é visto como um contínuo sem quaisquer tipo de intervalos. Exemplo deste raciocínio encontra-se na carta que sempre escreve aos seus jogadores no início de cada temporada: "'Ser campeões' tem de ser sempre o nosso objetivo. Um objetivo diário, uma motivação consistente e permanente, uma luz que tem de guiar o nosso trajeto a partir de agora. Cada treino, cada jogo, cada minuto da nossa vida profissional e social tem de se centrar nesse objetivo que, repito, é NOSSO."

Mas o inverso também é verdade, isto é, o trabalho também pode ser orientado em função da vida pessoal dos jogadores. Atente-se ao que me contou Jorge Costa, no tempo em que ainda era jogador do FC Porto:

*Adoro a minha profissão, mas ela tem o inconveniente de me impedir de estar o tempo que eu gostaria com a minha família porque os fins de semana, dias em que os filhos estão mais disponíveis, são normalmente ocupados com concentrações e jogos. Mourinho, percebendo o quanto isso me custava, fazia comigo a "gestão" dos cartões amarelos de forma a que folgasse um jogo em que ele entendia que eu fazia menos falta e dispensava-me dos treinos os dias suficientes para eu poder ter umas miniférias com a família.*

Ainda outro exemplo, no entanto, este mais científico, no sentido mais lato do termo. Atente-se à noção de velocidade e a como, sob o prisma da complexidade, ela nos é aqui retratada por José Mourinho por meio de um feliz exemplo.

*Não encaramos a "velocidade" da forma tradicional, ou seja, do ponto de vista exclusivamente fisiológico. Temos de considerar a "velocidade" como a análise ou o tratamento da informação e a execução. A nossa preocupação, em termos de "velocidade de execução", é a "velocidade" contextualizada, ou seja, aquela que a nossa forma de jogar requisita. Esta é a nossa grande preocupação. No treino, o que fazemos é ir à procura de situações de jogo que arrastem consigo uma dominância dessa necessidade fisiológica, mas uma necessidade para a nossa organização de jogo. (Oliveira at al., 2006: 120).*

Ou seja, traduzindo por um exemplo prático, Mourinho quer dizer:

*Qual é o homem mais rápido do mundo? Vamos supor que é o Francis Obikwelu, que faz menos de 10 segundos em 100 metros. É muito rápido e não conheço nenhum jogador de futebol que consiga igualá-lo em uma corrida de 100 metros. No entanto, numa partida de futebol, 11 contra 11, julgo eu que o Obikwelu seria o mais lento! Dou ainda outro exemplo: um caso paradigmático de um jogador atual lento é Deco.[8] Se o colocássemos numa corrida de 100 metros com os homens do atletismo ele faria uma figura ridícula. É descoordenado quando corre, não tem velocidade terminal, seus músculos certamente estão carregados de fibras de contração lenta e nada de fibras de contração rápida. No entanto, num campo de futebol, é um jogador dos mais rápidos que conheço porque velocidade pura não tem nada a ver com a velocidade no futebol. A velocidade no futebol tem a ver com análise da situação, de reação ao estímulo e capacidade de identificá-lo. No futebol, o que é o estímulo? É a posição no campo, a posição da bola, é o que o adversário vai fazer, é a capacidade de antecipar a ação, é a percepção daquilo que o adversário vai fazer, é a capacidade de perceber que espaço é que o adversário vai ocupar para receber a bola sozinho etc. Daí que, por exemplo, se um jogador meu estiver marcando o Obikwelu, que tem, comparado com os jogadores de futebol, um arranque de grande explosão, isso obrigará o meu jogador a arrancar sempre mais tarde. Contudo, porque o futebol não é a sua área de desempenho, Obikwelu vai, com grande probabilidade, deslocar-se para onde não deve, logo, o meu jogador vai conseguir estar ao lado dele no momento em que ele tem condições para receber a bola. Nesta forma de analisar a velocidade, um jogador lento do ponto de vista tradicional é, afinal, um jogador rápido numa perspectiva complexa, porque se vai deslocar numa altura em que os outros não esperam, num momento correto, num momento em que o companheiro com bola precisa que ele se desloque. Desta forma, tudo isto é complexidade, e o homem é um todo complexo no seu contexto. Por isso, trabalhar qualidades individualizadas e/ou descontextualizadas da complexidade do jogo é, para mim, um erro grave.*

---

[8] Português naturalizado que jogou no Chelsea FC, da Inglaterra, Deco já conta no seu currículo com vitórias nas ligas espanhola e portuguesa, além de ter conquistado duas ligas europeias pelo FC Porto e Barcelona FC.

E é assim que as coisas se nos apresentam literalmente complexas. Afinal, Francis Obikwelu pode ser um atleta lento. Por quê? Porque a velocidade ou a lentidão de um jogador não é apenas uma questão física, não se pode encontrar, apenas, do pescoço para baixo. Nada disso. A velocidade ou a lentidão é algo que diz respeito ao homem como todo complexo, logo, temos de encontrá-la do alto da cabeça para baixo, e não do pescoço para baixo. Além do mais, é algo intencional, algo que se procura, que se busca e que, naturalmente, se encontra. Desta forma, Obikwelu, num jogo de futebol, numa equipe de Mourinho, será sempre um jogador lento porque o seu *chip*, a sua intencionalidade, não está formatada, trabalhada, para aquilo que é jogar a partida de futebol. Ao contrário, o seu todo – cérebro e corpo sujeitos de si próprio – está "programado" para correr 100 ou 200 metros, não para ocupar este ou aquele espaço em condições ideais de receber e passar uma bola. Por este motivo, não é Obikwelu, ou outro qualquer, o homem mais rápido do mundo, como os jornalistas e muitos de nós, cartesianamente, gostamos de apelidar. Isso de ser o mais rápido do mundo não existe. Mais rápido para fazer o quê? Eis a questão. Se assim não fosse, teríamos de ir a um paraquedista qualquer no espaço de queda livre, portanto, antes de abrir o paraquedas, para encontrar o homem mais rápido do mundo. Cartesianamente, repito, seria assim.

É por esse motivo que Mourinho afirma que, numa perspectiva reducionista, ao descontextualizar-se o homem de uma realidade complexa, muitos pensam que estão reduzindo o grau de complexidade do contexto, e que por via disso estão tornando o trabalho mais fácil. Para Mourinho, esse raciocínio é um erro, já que a descontextualização esquece o fundamental, que é o jogo. O entendimento dessa questão ficará ainda mais facilmente perceptível quando, ainda dentro deste capítulo, um pouco mais à frente, explicarmos como Eusébio treinava o goleiro Silvino, no Benfica.

Os exemplos anteriormente citados demonstram uma forma de ser, de estar e de trabalhar, e a sua lógica intrínseca, a sua explicação científica, aplica-se globalmente a todo o trabalho de Mourinho.

Falar, por isso, da sua liderança é falar do seu trabalho como um todo. Ela só pode ser explicada se contextualizada, porque ela é apenas mais um elemento – importantíssimo, sem dúvida, fundamental até –, mas apenas mais um elemento de um todo constituído por partes. Ao tentarmos explicar uma dessas partes – a liderança, por exemplo –, entramos numa rede que se constitui como o todo do trabalho de Mourinho, a globalidade do seu trabalho. Tudo se relaciona, interage, se conecta; portanto, tudo tem de ser abordado, com mais profundidade aqui e ali, mas tudo terá de ser abordado. Em que se fundamenta, então, o trabalho de Mourinho? Sustento que, pelo menos ao nível do treino e condução de equipes de futebol, José Mourinho é o primeiro a operacionalizar um novo paradigma de conhecimento, a Complexidade de Edgar Morin, e a "trazê-lo" da área da filosofia, do mundo das ideias, para uma atividade humana concreta. Dessa forma, como ponto de partida à analise do trabalho de José Mourinho – e à luz da perspectiva da complexidade –, partimos de uma das noções mais poderosas que modela toda a visão de Edgar Morin: "O todo que está na parte que está no todo". Essa visão global e abrangente, que nos diz que não entenderemos nunca as partes sem ao mesmo tempo entendermos o todo, e não entenderemos, nunca e simultaneamente, o todo sem ao mesmo tempo entendermos as partes, deve ser, também, entendida sob perspectivas diversas: o todo é o resultado da interação entre as partes. Enquanto globalidade, o todo é o que governa, o que modela as partes. É o todo, também, que de alguma forma está inscrito, gravado em cada parte. As partes isoladamente nada valem e são, por isso, as relações, conexões e interações entre elas – embora não perdendo de vista as características de cada uma dessas partes – que se constituem como determinantes para a formação e definição do todo. E, finalmente, o todo é diferente da soma das partes.

Vale a pena recordarmos aqui o projeto genoma humano e introduzirmos algumas questões que poderão nos ajudar a clarificar a questão da importância das partes e da sua relação entre si para a formação do todo. Observamos, então, que todos nós somos iguais entre cada um de nós, geneticamente falando, em 99,9%. A nossa diferença para um macaco é de 2% e para um rato de apenas 1%. Coloca-se, pois, a questão: se, por exemplo, apenas 1% nos separa de um rato – o que significa dizer que somos praticamente iguais – o que é que faz, então, com que os mesmos genes em uns casos configurem um ser humano e em outros um rato, dois seres vivos que o que têm por demais evidente são as suas inúmeras diferenças? Ora, o que fundamentalmente nos distingue não são, como ficou provado, os genes, mas sim a sua relação, a sua conexão, a forma como interagem entre si e para o exterior. Da mesma forma podemos, a título de exemplo, imaginar uma fábrica de calçado. Num mês a produção foi feita em série. No mês seguinte, precisamente as mesmas partes, ou seja, rigorosamente os mesmos trabalhadores produziram os sapatos do princípio ao fim. O que mudou não foram as partes, mas apenas, a relação entre elas. Facilmente conseguimos imaginar que desde o produto final à própria fábrica tudo mudou, nada ficou igual, a fábrica deixou de ser "aquela" fábrica para passar a ser outra fábrica qualquer.

Se quisermos outro exemplo, agora visto de um ângulo diferente, mas igualmente adaptável, olhemos para a composição do açúcar: quando os átomos de carbono, de oxigênio e de hidrogênio se unem e formam o açúcar, o composto que daí resulta (justamente o açúcar) emerge como uma substância doce. Contudo, separadamente, nenhum dos elementos que o compõem é doce.

A partir dessa noção de globalidade e causalidade profunda e naturalmente conectada em rede, podemos afirmar que tudo muda em e com José Mourinho. O que antes, numa visão cartesiana e como tal reducionista, era um atleta de alta competição, com Mourinho deixou de ser. O homem como "todo complexo" constitui-se nas suas mais diversas faces, nas suas mais diversas características, mas todas elas ligadas entre si. Com Mourinho acaba, assim, o atleta cartesiano, para dar lugar ao atleta físico, psicológico, técnico, tático, disciplinar, social etc. etc. etc. Seja qual for o fenômeno que se queira observar, ele não pode ser visto de forma isolada, descontextualizada, separada.

A parte, lembrem-se, separadamente nada vale. Ela existe e tem funcionalidade como membro de um universo que se liga a ela e que dentro liga as partes entre si. Só assim temos o "todo". Separando, isolando uma parte, ela deixa de ter qualquer ligação, logo deixa de fazer sentido, logo deixa de existir. De resto, é esse mesmo princípio que a vida nos ensina: só estamos vivos, só fazemos sentido, só somos "ser humano" enquanto temos ligações com o Universo, sejam elas de que tipo forem. Quando as interrompemos, quando termina a nossa última ligação com o mundo – todo – que nos rodeia, é porque estamos mortos, e morrer é deixar de produzir sentido.

Exemplo disso é o teor da carta que Mourinho endereçou aos jogadores mal chegou ao Chelsea, no verão de 2004: "A partir de agora, cada exercício, cada jogo, cada minuto da vida social de vocês tem de centrar-se no objetivo de ser campeão." Fica clara a ideia de globalidade de Mourinho em torno de um objetivo. Sempre, quer na vida profissional quer na vida social – como se em Mourinho se pudesse fazer esta divisão, que não pode –, o objetivo de ser campeão terá de estar presente.

A própria equipe de futebol não é, obviamente, entendida isoladamente, mas como uma entidade, um grupo com uma identidade e um projeto próprios, inserido numa teia de relações e numa hierarquia de estruturas. Não são apenas os jogadores que ganham ou perdem no final de um jogo. Eles nem lá estariam se não existissem outras estruturas a serem trabalhadas, ao mesmo tempo e em profunda ligação, para o mesmo objetivo. Essas estruturas – departamento médico, departamento de futebol, departamento de observação, direção, rouparias etc. – são interativas com a equipe, e só também com elas a equipe pode funcionar no sentido literal do termo. Daí que o seu adjunto Rui Faria afirme que "[s]ó a perfeita interação e o perfeito rendimento de cada uma destas estruturas permite que o produto final, que é o jogo em termos de equipe, possa funcionar da melhor forma e sem embaraços".

Mourinho também não divide a equipe em titulares e reservas, não distingue o que se faz no jogo do que se faz no treino, não separa claramente a comunicação no seio da equipe da comunicação com a mídia. Lembremos o caso passado na sala de imprensa do Nou Camp, na capital da Catalunha, quando o Chelsea de Mourinho jogou contra o Barcelona. Na época, ao dizer antecipadamente aos jornalistas não só a constituição da sua equipe inicial como também a do seu adversário, Mourinho não só enviou a mensagem para os seus jogadores de total conhecimento do Barcelona e, desta forma, motivando e reforçando a confiança nos seus jogadores –, como também enviou para o seu adversário a mensagem "vocês para mim não têm segredos". Não custa, pois, a partir de agora, entender a filosofia de José Mourinho. Para ele o seu jogador não joga futebol apenas com os pés; joga também e em grande medida com a cabeça. Para isso ele tem de entender o jogo, e para entendê-lo, tem de entender a vida, o mundo, logo, tem de entender a sociedade, a família, a religião, a política e por aí fora. Compreende-se, dessa forma, as palavras do próprio Mourinho, quando descreve, na sua biografia, a chegada da sua equipe a Sevilha, para aí disputar a final da Taça UEFA.

*Ao chegar ao hotel verifiquei que tudo era perfeito. O Antero Henrique e o Luís César não brincam em serviço. Os quartos eram fantásticos, com uma decoração motivadora e, ainda por cima, estavam alojados no nosso hotel e coabitavam conosco cerca de uma centena de escoceses. Ótimo! Queria que os jogadores sentissem desde logo o jogo e, como a segurança inviabilizava qualquer aproximação exagerada, a presença dos adeptos contrários no nosso hotel dava-nos o ambiente que eu pretendia. Era bom que os meus jogadores sentissem o clima do adversário.* (José Mourinho *in* Lourenço, 2004: 70)

A história mostra-nos que essa interação (torcedores do Celtic/ jogadores do FC Porto no mesmo hotel) para o treinador "cartesiano" é impossível. Para Mourinho não foi apenas possível como também desejável. Por quê? Porque, para Mourinho, na sua relação com os jogadores, não lhe interessa o atleta físico cartesiano, mas sim o atleta homem, "todo complexo" em íntima ligação com a realidade que o rodeia no seu sentido mais abrangente, ou seja, não apenas o futebol, mas a sua própria vida fora do futebol. É da percepção individual que cada um tem da sua realidade que percebe cada vez mais realidades. A forma de ver o mundo influencia a forma de ver o futebol. Por isso Mourinho afirma não querer, nas suas equipes, jogadores intelectualmente pouco evoluídos. Só com base na sua própria cultura conseguirão aprender e apreender o que lhes é pedido, enfim, entender o jogo na sua essência. Essa cultura, esse raciocínio não pode, pois, num mundo cada vez mais complexo, ser básico. Daí que ele assuma, sem receios, um corte radical no pensamento cartesiano:

> *Acredito hoje que vai haver – e já está havendo – um corte com aquele passado [a perspectiva reducionista tradicional aplicada ao futebol], porque o homem é um ser complexo e, no caso da minha profissão, no futebol, temos de perceber que onze homens à procura de um objetivo é completamente diferente de um homem à procura de um objetivo.*

Mas se tudo, então, está conectado, interligado, interativo, isso quer dizer que o treino de Mourinho é globalizante de tal forma que treina tudo ao mesmo tempo, sem distinções táticas, técnicas, físicas ou mentais? Não, não quer. O todo continua a ser composto por partes e não as anula; antes, serve-se delas para a prossecução dos seus fins. Logo as partes precisam ser, também elas, melhoradas, precisam evoluir, se compor e se ajustar, porque estão em constante reordenamento.

De que forma, então, Mourinho resolveu o problema de trabalhar as partes no todo que é o jogo que deseja jogar?

O que existe no seu trabalho é o conceito de "dominante", ou seja, o trabalho foca um aspecto sem se esquecer de que é o "todo" que está em ação e que, por isso, devidamente enquadrados, muitos outros fatores estão também sendo trabalhados. Foi justamente Mourinho quem me alertou para este fato: "Eu, quando preparo um treino, estou preparando uma atividade global e nunca o faço sem observar quais são as implicações nos diferentes níveis. Por isso digo que cada exercício tem uma dominante".

Assim, essa noção de dominante introduzida por Mourinho é um dos conceitos por meio dos quais ele operacionaliza a perspectiva da complexidade no seu trabalho concreto do dia a dia. É dessa forma que Mourinho, por exemplo, num treino de dominante motivacional, não esquece outros objetivos secundários, como por exemplo a tática.

Atentemos, num exemplo que nos forneceu para a sua biografia, editada em 2003, com o título *José Mourinho*. Na temporada de 2002/03 o jogo que decidia a vitória portista no campeonato estava agendado para o Estádio da Luz, com o Benfica. Na preparação do encontro, Mourinho, treinador do Porto, surpreendeu os seus jogadores.

> *Para moralizar os meus jogadores, não sou um treinador que opte pelos "gritos de ordem" do tipo: "Vamos a eles, até os comemos, somos os melhores etc. etc." Nada disso. No que diz respeito ao jogo com o Benfica, passei a mensagem de superioridade total sobre o adversário. Eu sabia que o Camacho – treinador benfiquista –, sempre que estava perdendo, trocava o Zahovic pelo Sokota. Ora, quando iniciei os treinos o fiz exatamente no sentido de preparar a minha equipe contra as investidas de ataque do Sokota. Até que um jogador, meio surpreso, me disse: "Mas, Mister, eles não jogam com o Sokota, jogam com o Zahovic!!!". Era o que eu queria ouvir, para de imediato responder: "Jogam com o Zahovic quando estão vencendo. Contra nós vão ter de jogar com o Sokota, que é a opção de Camacho quando estão perdendo"* (Mourinho *in* Lourenço, 2004: 147-8)

Com esse exemplo, pretendemos ilustrar a abrangência do trabalho de Mourinho – Mourinho visa treinar o todo, de forma simultânea e integrada. No exemplo acima, em campo, treinando sua equipe, realizou claramente um ato de liderança de uma forma motivacional: ele sabia que estava passando uma mensagem de confiança na vitória ao treinar de forma condicionada, entendida esta, aqui, de uma forma positiva, já que a sua condicionante era saber que estaria ganhando.

Nesse sentido, preparou os seus jogadores para enfrentar o Sokota, o tal que só entrava quando o Benfica estava sendo derrotado. Ora, foi justamente sobre o fator motivacional/emocional que consistiu a dominante de trabalho de Mourinho na semana que antecedeu o jogo com o Benfica. Não se esqueceu de todos os outros – a bola esteve lá e é só com ela que se marcam gols –, mas a predominância, a dominante, aqui, foi a preparação psicológica dos seus jogadores.

Acabamos de exemplificar a operacionalização da complexidade ao trabalho de Mourinho no plano da interação grupal. O que vale para este tema vale igualmente para outro: o homem individualmente considerado. Dessa forma, Mourinho vê o homem, neste caso os profissionais da sua equipe, como um todo complexo. Não separa a sua vida profissional da sua vida social ou, se quisermos, não vê em cada um deles dois homens, um profissional e o outro social:

> [A]cho que quem sentir que precisa de disciplina na sua equipe, em vez de ir à procura dos aspectos disciplinares nus e crus (pontualidade, rigor etc.), deve ir antes pelo rigor tático, pela procura de uma determinada disciplina tática. É assim que eu consigo uma disciplina global. (Oliveira et al., 2006: 178).

E agora já estamos também em condições de entender o exemplo que iniciou este capítulo. Por que, ao trocar os sistemas táticos, Mourinho buscou uma solução disciplinar e não uma melhor solução de ordem tática. Mas foi através desta segunda que conseguiu a primeira.

Um outro exemplo que aqui se pode dar tem a ver com a recusa de Mourinho em fazer marcações individuais aos jogadores adversários, mesmo que estes sejam os melhores do mundo. Para o técnico, se pretende promover a solidariedade entre os jogadores, dentro e fora do campo, não pode, depois, ter a incoerência de mandar um jogador seu marcar individualmente um adversário. Se assim acontecesse, esse jogador só se preocuparia com o jogador adversário e não – e também – com os seus colegas de equipe. O inverso também é verdade porque a equipe deixaria de se preocupar com esse seu colega, bem como com o jogador adversário. Seria introduzir uma componente desajustada de individualismo na equipe, prejudicando a coerência e a ligação de grupo, justamente aquilo que Mourinho combate e não aceita (Oliveira *et al.*, 2006). Leiam-se, pois, as palavras de Morin, que explicam bem a posição do próprio José Mourinho:

> *O enfraquecimento de uma percepção global conduz ao enfraquecimento do sentido de responsabilidade, cada um tende apenas a ser responsável pela sua tarefa especializada, assim como conduz ao enfraquecimento de solidariedade, cada um deixa de entender o seu laço orgânico [com o grupo em que está inserido] (...).* (Morin, 1999: 19).

É, portanto, por meio do conceito de dominante que José Mourinho trabalha o seu todo, a sua equipe, nada dissociando ou separando nas várias vertentes do seu trabalho, antes trabalhando em rede, em conexão, com base no princípio de que tudo tem que ver com tudo, tudo afeta tudo e tudo modifica tudo. Mourinho encara, portanto, qualquer fenômeno na sua globalidade, como um sistema, onde existem sempre subsistemas e subsistemas dos subsistemas e por aí fora. Assim, o clube, a equipe, o jogador, todos eles têm uma dimensão global, sendo que é, justamente, nessa globalidade que se operacionaliza, se aplica a perspectiva da complexidade ao seu trabalho. Mourinho vê as-árvores-e-a-floresta ao mesmo tempo em que vê a floresta-e-as-árvores, que é o mesmo que dizer que Mourinho vê o clube-e-a-equipe-e-os-jogadores ao mesmo tempo em que vê os-jogadores-e-a-equipe-e-o-clube. Esta visão traduz-se na linguagem de Morin pela frase "o todo que está na parte que está no todo".

Assim se percebe, portanto, a dimensão que o jogador de futebol adquire em Mourinho. Para ele, o jogador, o atleta, tem uma dimensão global, sendo um sistema, ou um subsistema de outros subsistemas ou sistemas, consoante o Universo onde o estejamos a colocar. Em qualquer dos casos tem sempre uma dimensão global. É nessa globalidade, que é o resultado da aplicação da perspectiva da complexidade ao seu trabalho, que Mourinho enquadra a ação dos seus profissionais. O seu jogador deve refletir socialmente aquilo que é profissionalmente, sendo o contrário também correto. Ele só será disciplinado em campo, inserido no seu grupo, se o for fora dele e vice-versa. É nesse contexto de globalidade que descortinamos o individual complexo que é o ser humano. Para Mourinho, o jogador é um todo, parte de um outro todo que é a equipe, com características físicas, técnicas e psicológicas que terão de ser desenvolvidas enquanto globalidade. É dessa forma que o treinador não separa o físico do psicológico, logo, não trabalha nem um nem outro aspecto de maneira separada ou descontextualiza. De resto, nada no seu trabalho é separado ou descontextualizado. Atentemos a um exemplo dado pelo próprio Mourinho:

> *Ainda se pensa que ao se reduzir a complexidade se está tornando as coisas mais fáceis. Quanto a mim, estamos apenas criando condições de sucesso ao jogador somente em treino. É que, ao fazê-lo, depois não se encontra qualquer transferibilidade para o jogo. Por exemplo, há quinze anos o Eusébio era treinador do goleiro Silvino, no Benfica.*
> 
> *O Eusébio colocava a bola à entrada da área e arrematava com o intuito de treinar o goleiro. O problema é que o Silvino não conseguia treinar porque as bolas entravam todas no gol. Ele, assim, simplesmente não treinava porque os arremates eram descontextualizados daquilo que naturalmente é o jogo, onde um jogador não aparece cem vezes isolado frente ao goleiro e em ótimas condições de arremate. Trata-se de uma situação descontextualizada da realidade e da complexidade do jogo. No entanto, existem muitos treinadores que fazem isso como treino de finalização. Não concordo, em absoluto, porque a situação é fictícia e, repito, descontextualizada da realidade do jogo onde os jogadores têm de contar sempre com a oposição do adversário. Por isso, eu não faço finalização descontextualizada. Tenho, isso sim, de criar condições de treino integrado onde trabalho a complexidade do jogo por meio de situações o mais próximas possível da realidade, daquilo que se espera que venha a ser o jogo. Por isso, quando trabalho a finalização dos meus jogadores coloco-lhes oposição porque é isso que acontece na partida, ou seja, antes de finalizar o meu jogador tem o adversário*

*pela frente e tem de ultrapassá-lo para só então efetuar o arremate. Assim, ao fazer o treino de finalização desta forma, estou fazendo do treinamento o próprio todo do jogo, onde não estou apenas treinando a finalização e os meus atacantes, mas também os meus defensores, que terão nos seus jogos, atacantes pela frente, os meus volantes e o meu goleiro. Por isso não coloco o meu treinador de goleiros para arrematar sozinho para o gol, para treinar o meu goleiro, porque essa situação é de estímulos repetitivos e o jogo nada tem de estímulos repetitivos."*

Os arremates de Eusébio eram descontextualizados daquilo que é o jogo "onde um jogador não aparece cem vezes isolado frente ao goleiro e em condições ótimas de arremate". Essa situação de treino está descontextualizada da realidade e da complexidade do jogo. Para Mourinho, é uma situação fictícia porque em uma partida os jogadores têm de contar sempre com a oposição dos adversários. Por isso Mourinho procura criar condições de treino integrado, onde trabalhe a complexidade do jogo por meio de situações o mais próximas possível do real, isto é, o mais próximo possível "daquilo que se espera que venha a ser o jogo" (Mourinho). Ainda um outro exemplo de não separação do físico do psicológico, mas com um outro enfoque, nos é dado por Mourinho numa resposta a um jornalista do jornal *O Jogo*, quando este lhe perguntou se a sua equipe – o FC Porto – estava bem fisicamente. Mourinho respondeu: "Não consigo falar disso. Não sei onde acaba o físico e começa o psicológico ou o tático. Para mim, o futebol é a globalidade, tal como o homem". (Mourinho *in* Oliveira *et al.*, 2006: 40).

Os tradicionais fatores treináveis surgem na totalidade que é o treino e enquadrados num trabalho que tem a ver diretamente com o jogo que se pretende jogar. É dessa forma que se entende que Mourinho se refira, como exemplo, ao velocista Francis Obikwelu em um campo de futebol como um jogador lento. A sua massa muscular, rapidez e explosão nunca poderão ofuscar a velocidade de raciocínio, posicionamento em campo e antecipação de jogadas próprias de um jogador de futebol, simplesmente porque o seu todo não está trabalhado nesse sentido, não está contextualizado nesse tipo de esforço global, mental, físico, psicológico, emocional etc., que o futebol exige e é. Ampliando a análise que estamos fazendo, saindo do todo que o jogador de futebol é para o todo que é o grupo, a lógica de Mourinho permanece inalterável. Aqui também a parte – o jogador – só pode ser vista e contextualizada no/pelo grupo. O grupo é o mais importante e a parte interessa enquanto a serviço do todo. O global, aqui, assume o termo coletivo, pelo que a parte pode e deve ser sacrificada pelo todo, já que não é concebível a evolução da parte sem ser ao mesmo nível e ao mesmo ritmo da evolução do todo. No entanto, o todo deve ser também o contexto que proporcione a cada jogador individual, a cada parte, a manifestação da sua singularidade plena. Dessa forma o individual é também muito importante. Não se trata de não ver a floresta (a equipe) por só se ver as árvores (os jogadores), mas de ver as-arvores-e-a-floresta.

De fato, muito se poderia aqui escrever sobre a complexidade. Só o seu autor, Edgar Morin, dedicou uma vida inteira a essa temática, e mil páginas não chegariam para se dizer tudo sobre o tema. Mas não é a complexidade que nos interessa estudar aqui. O que está em discussão é a liderança de Mourinho, e a complexidade é a ferramenta que nos ajuda a entender o seu trabalho. Por isso, longe de explicações profundas, ficamo-nos por aquilo que é essencial para compreender essa liderança. Neste momento interessa-nos, pois, reter a ideia de todo, um todo que comanda as partes e é diferente da sua soma, para percebermos o relacionamento de Mourinho com a tipologia dos seus grupos.

Assim, é com uma forte ideia de coletivo, do todo que governa as partes, que com Mourinho o grupo trabalha com objetivo a um outro todo que é o jogo. Nesse campo, o treino é encarado não como uma preparação do jogo, mas como uma parte desse todo que é o processo de jogo e de treino e de jogo. Aqui Mourinho introduz-nos a ideia de treino como projeção/representação do real que é o jogo. Assim, por exemplo, a duração dos treinos é igual à dos jogos, como me informou o seu adjunto Rui Faria: "Pretendemos ter o rendimento e concentração máximos numa hora e meia de treino – que é exatamente o tempo de jogo –, procurando dessa forma que o jogador consiga estar concentrado os 90 minutos". Repare-se, mais uma vez, na complexidade de processos que esta noção de Rui Faria envolve: a ideia de um treino ter a duração de um jogo não passa essencialmente por uma adaptação de esforço físico, mas sim de esforço mental, ou melhor, de esforço humano global. A dominante que se pretende privilegiar é a da concentração, já que a resistência física acabará por acontecer naturalmente enquadrada em um fenômeno mental, psicológico e emocional mais vasto. Nesse fenômeno mais vasto, que faz do treino a projeção/antecipação do jogo, incluímos ainda o tratamento da imprevisibilidade, que Mourinho pretende reduzir tanto quanto possível. Só o treino, como perspectiva de jogo, poderá proporcionar o surgir de situações imprevisíveis, impossíveis ou difíceis de planejar, e que, uma vez treinadas, possam ser transferidas para o real, trabalhando dessa forma essa mesma imprevisibilidade. Sendo o treino, afinal, como o jogo, o imprevisto em jogo é o imprevisto em treino, logo, quando se chega ao jogo, através dessa "representação" do real, o que era imprevisível no treino deixou de ser em jogo. Atente-se que não está aqui em questão a pretensão de se chegar a uma situação de imprevisibilidade zero; tão só se pretende reduzir ao mínimo possível as situações imprevistas que possam surgir, já que, para Mourinho, o que é mais difícil numa partida é o ser confrontado com situações que se desconhecem. Em suma, "porque o desconhecido é sempre desconfortável", referiu-nos Mourinho, continuando: "a imprevisibilidade [o desconhecido] tem a ver com aquilo que você faz e está preparado para fazer e com aquilo que os outros fazem e que você presume que eles possam fazer".

O objetivo é tentar jogar antes – no treino – o que se pensa que se vai jogar a seguir – o jogo. Mas, atenção, o treino, encarado globalmente como Mourinho o faz, é como o jogo. Mais, o treino é *o* jogo intensamente... É por essa razão que Mourinho não faz, por exemplo, treinos de conjunto, ou seja, um jogo normal de 11 contra 11, tal como num encontro de futebol. Os treinos são setoriais, ou seja, focados na(s) situação(ões) que Mourinho quer treinar. O que acontece a cada momento numa partida de futebol é uma dada situação concreta, não o jogo todo ao mesmo tempo; ou seja, ou se está no meio-campo, em transição ou com as equipes tentando ganhar o controle da bola, ou uma equipe ataca e outra defende; ou um contra-ataque que se inicia etc. São essas situações concretas, enquanto dominantes, que Mourinho treina, enfatizando um dado aspecto em cada treino. Por exemplo, se a dominante for a defesa, Mourinho escolhe o setor do campo de jogo onde a defesa atua, e é nessa zona que projeta a situação de jogo com atacantes, meios de campo e goleiro. Dessa forma, treina a defesa e também o restante dos setores do jogo, no contexto dessa situação específica. Essa aproximação tem várias vantagens sobre a própria partida. Além de manter a aproximação global ao jogo, a simulação do jogo obtém maior intensidade, já que, encolhendo o campo de jogo e focando apenas uma dada situação, a bola passa muito mais vezes pelos jogadores do que em situação real e daqui também decorre um aumento das situações imprevistas e que, ao acontecerem, irão diminuir a imprevisibilidade da própria partida. Assim, o treino não só é *o* jogo, como também um jogo intenso. "O jogador só pode jogar no limite se treinar no limite... e o jogo é o espelho do treino. Quanto maior for a determinação no treino, maior é a determinação no jogo", explicou-nos Rui Faria. Mais uma vez, em contexto de alta complexidade, se aplica aqui a ideia de globalidade de Mourinho: é jogando o jogo por meio do treino que se joga da mesma forma o jogo. Um jogador pode, assim, tornar-se um grande jogador de futebol, precisamente jogando muito e bom futebol. Essa é uma ideia clara, nas palavras do próprio Mourinho. Em Israel, numa visita a convite de Shimon Peres, disse à plateia: "Um grande pianista não corre à volta do piano ou faz flexões com a ponta dos dedos. Para ser grande toca piano. Toca a vida inteira. E ser um grande jogador não é correr, fazer flexões ou exercício físico em geral. A melhor maneira de se ser um grande jogador é jogar futebol".

# 3 TEORIAS SOBRE LIDERANÇA APLICADAS AO TRABALHO DE MOURINHO

*Sempre vi nele um grande treinador e, mais do que isso, um grande líder.* **Pinto da Costa, presidente do FC Porto *In* Lourenço, 2003: 98**

## A liderança hoje

O tema da liderança está na moda. É um assunto sempre presente.

Já reparou que, desde alguns anos, não houve, seguramente, um único dia da sua vida em que não tenha pronunciado, ouvido ou lido as palavras líder ou liderança? Pode nem se ter percebido, mas quando olhou o jornal da manhã ou quando viu o telejornal ou até mesmo quando comentou com um amigo ou um colega de trabalho qualquer assunto político, esportivo ou até social, não deixou certamente de ler, proferir ou ouvir a palavra líder ou liderança. Estranho? Talvez não.

O conceito de liderança e toda a sua temática entraram há relativamente pouco tempo em nossa vida, e a sua profusão linguística – pelo menos em Portugal e no mundo mais desenvolvido – tem sido notória. De fato, julgo mesmo que a palavra foi de certa forma banalizada, de tal maneira que é duvidoso que ela seja sempre bem empregada, por um lado, e no seu contexto adequado, por outro. Mas o conceito, em si mesmo, também levanta dúvidas, até pelas suas inúmeras abordagens teóricas, tantas vezes discrepantes. Não é de admirar, portanto, a dificuldade em definir ou até em traçar um perfil de liderança.

Façamos, então, um pequeno exercício:

*Which criteria really matter? Let's say it's time to elect a new world leader. Here are some facts about the three leading candidates:*

**Candidate A** *associates with crooked politicians and consults with astrologers. He's had two mistresses. He chain-smokes and drinks eight to 10 martinis a day.*

**Candidate B** *was kicked out of the college twice, used opium as an undergraduate, now sleeps until noon, and drinks a quart of whiskey every evening.*

**Candidate C** *is a decorated war hero. He's vegetarian, doesn't smoke, drinks only an occasional beer, and hasn't had any extramatrimonial affairs.*

*Whom did you chose? If you opted for C, you may be surprised at what you get:*

**Candidate A** *is Franklin D. Roosevelt*
**Candidate B** *is Winston Churchill*
**Candidate C** *is Adolf Hitler\**

(Kets De Vries, 2001: 280)

---

\*Quais são os critérios realmente importantes? Digamos que é hora de eleger um novo líder mundial. Aqui estão alguns fatos sobre os três principais candidatos:
**Candidato A** é associado a políticos trapaceiros e faz consultas a astrólogos. Tem duas amantes. Fuma feito chaminé e toma de oito a dez martínis por dia.
**Candidato B** foi expulso da faculdade duas vezes, usava ópio antes de se formar, atualmente dorme até meio-dia e bebe um litro de uísque todas as noites.
**Candidato C** é um herói de guerra condecorado. É vegetariano, não fuma, ocasionalmente bebe uma cerveja e não teve nenhum caso extraconjugal.
Quem você escolheria? Se você optou por C, poderá se surpreender ao saber que:
**Candidato A** é Franklin D. Roosevelt.
**Candidato B** é Winston Churchill.
**Candidato C** é Adolf Hitler.

Trata-se de um pequeno e simples exercício que vale o que vale, mas que, ainda assim, não deixa de nos alertar e relembrar para o fato de, ao longo da História, ter havido muitos erros na escolha de líderes. Contudo, cada vez mais, precisamos de líderes, sejam eles de cunho político, cultural, econômico ou social. Por quê? Porque vivemos num mundo em mudança. Ela está aí e é para continuar. De tal forma se instalou que as mudanças nas últimas décadas têm sido radicais a ponto de virar literalmente nossa vida de pernas para o ar. Apenas dois exemplos bem ilustrativos: há apenas sessenta anos, a geração dos meus avós deslocava-se, majoritariamente no interior de Portugal, em carroças puxadas por bois. A geração dos meus pais colocou o homem na Lua. A minha já chegou a Marte... Ainda outro exemplo, tão ou mais chocante: qualquer um de nós, hoje, está exposto a um volume maior de informação quando abre um qualquer jornal diário de âmbito nacional do que o estaria qualquer ser humano da Idade Média ao longo de toda a sua vida. Nesse tempo, um homem ou uma mulher não tinha acesso ao volume de informação que o *Diário de Notícias*, por exemplo, contém nas páginas de uma edição diária qualquer. Portanto, não tenhamos dúvidas: os dias de mudança chegaram, instalaram-se e não pediram licença, ou, para ser mais exato, até porque a mudança não é um fenômeno novo, ela agora se processa com uma velocidade exponencialmente maior, o que se traduz numa maior e mais nítida percepção do fenômeno. Porém, a mudança é o desconhecido, o caminho que nos tira da nossa zona de conforto, para nos levar por lugares que desconhecemos, logo, que nos são desconfortáveis. Ora, daqui resulta que, naturalmente, a nossa primeira reação à mudança é a ansiedade e, perante esta, o primeiro reflexo é procurar alguém que nos possa guiar no sentido de conter essa mesma ansiedade. Assim, quando a mudança e a ansiedade invadem o nosso mundo, estão criadas as condições para a emergência da liderança (Kets De Vries, 2001). Necessitamos, portanto, de líderes em praticamente todas as vertentes de nossa vida. O esporte não é exceção, muito pelo contrário.

As teorias que explicam o fenômeno são muitas e variadas, desde o esporte como escape ao esporte como uma espécie de substituto da guerra, ou mesmo uma nova forma de guerra. De uma forma ou de outra, também e obviamente, o esporte gera líderes idolatrados e seguidos por todo o mundo. O caso de estudo deste livro, José Mourinho, enquadra-se perfeitamente nessa noção de líder. Um homem amado e odiado, idolatrado e criticado em quase todo o mundo, enfim, um homem que, para o bem ou para o mal, não deixa ninguém indiferente, e que, por isso, influencia, direta ou indiretamente, milhares, milhões, de seres humanos. Assim, sob a perspectiva da complexidade, a liderança de Mourinho pode e deve ser entendida por meio das suas diversas e múltiplas relações com os outros aspectos do seu trabalho. Se quisermos, utilizando a própria terminologia de Mourinho, vamos olhar, neste capítulo, a liderança como uma *dominante* que se sobressai num *todo* sem, contudo, descontextualizá-la, de modo a nunca se perder de vista a globalidade do trabalho do treinador.

A liderança de Mourinho tem sido um dos aspectos do seu trabalho mais discutido por todo o mundo. O consenso é quase unânime: Mourinho é um líder de eleição. As explicações para o fato têm sido muitas, diversas e, por vezes, contraditórias. À exceção do livro *Mourinho: porque tantas vitórias?*"., (Oliveira *et al.*, 2006), que relaciona – embora de forma pouco aprofundada porque não era esse o seu propósito, logo, que não se retire daqui qualquer espécie de crítica ao trabalho realizado pelos seus autores, muito pelo contrário – a liderança de Mourinho com o paradigma da complexidade, em nenhum outro trabalho sobre a temática consegui descortinar a mais leve aproximação ao que coloquei em causa na minha tese de mestrado (2007) e que continuo agora a fazê-lo: a prática e o estudo da liderança de Mourinho sob a perspectiva da complexidade. Daí que, quanto a mim, na sua generalidade, as análises comuns sobre a liderança de José Mourinho resultem erradas. Elas separam o que não pode ser separado, com base numa visão reducionista e analisando o tema de uma forma tradicional, através do isolamento dos seus vários aspectos, separando-os de um todo que não pode ser separado nem dividido. Assim, para me ajudar neste capítulo, no sentido de melhor perceber a liderança integrada de Mourinho, socorri-me da ajuda de alguns amigos, antigos jogadores de futebol, que têm em comum dois fatores: terem sido liderados por Mourinho e ocuparem, hoje, cargos de liderança. Falo de Vítor Baía, dirigente com graduação em Liderança Desportiva, e Jorge Costa, que seguiu a carreira de treinador de futebol. Também me socorri de outros dois grandes jogadores ainda em atividade. Estou falando do internacional português Deco e do internacional costa-marfinense Didier Drogba. Ambos me receberam em Londres e ambos me falaram e ajudaram a compreender Mourinho, porque ambos têm uma vida profissional fortemente influenciada por Mourinho. Por fim, obviamente, a ajuda de José Mourinho com mais uma entrevista inédita sobre a temática da liderança, da "sua" liderança. Todos me ajudaram – e irão ajudar vocês, leitores –, com a sua perspectiva pragmática e única, a entender melhor a liderança de José Mourinho.

## O que é liderar?

> *A boss creates fear, a leader confidence. A boss fixes blame, a leader corrects mistakes. A boss knows all, a leader asks questions. A boss makes work drudgery, a leader makes it interesting. A boss is interested in himself or herself, a leader is interested in the group.* * (Russel H. Ewing, jornalista inglês, 1885-1976)

A palavra líder está associada a poder e, conforme a sua etimologia, significa aquele que vai à frente. Trata-se de um poder formal – o poder de dar ordens, de decidir, de exigir etc. –, mas trata-se também

---

* "Um chefe cria medo, um líder confiança. Um chefe enfatiza a culpa, um líder corrige enganos. Um chefe sabe tudo, um líder faz perguntas. Um chefe faz do trabalho escravidão, um líder torna o trabalho interessante. Um chefe está interessado apenas nele próprio, um líder está interessado na equipe."

de um poder informal, não substantivo, que se traduz na capacidade natural que alguém tem de influenciar os outros. A liderança de Mourinho fundamenta-se sobretudo nessa segunda forma de poder. Aliás, penso mesmo que o seu poder informal é a base de todo o seu poder formal. Para melhor entendermos a questão, e por consequência o próprio Mourinho, socorro-me de um novo conceito em relação ao qual tenho escrito e que fui buscar em Joseph S. Nye Jr., no livro *Liderança e poder (2008)*, em que o autor estabelece a diferenciação entre *Poder Brando* e *Poder Duro*.

Define-se este último como um poder que "assenta em incentivos (recompensas) e ameaças", sendo que o primeiro se caracteriza por "alcançar os resultados desejados cativando os outros em vez de manipulá-los ou ameaçá-los".

Não se fundamentando apenas no poder brando, parece-me óbvio que é nesse conceito que Mourinho encontra a maior parte das suas características de poder. Apetece-me mesmo citar Jorge Costa, depois de tê-lo questionado sobre a relação muito especial que José Mourinho sempre consegue manter com os seus jogadores: "Como é que ele provoca isso? Não sei... sente-se. É quase como quando uma pessoa se apaixona por alguém e o amor é difícil explicar, não é? No fundo são relações tão puras, tão naturais, que a explicação torna-se complicada." Por essa razão, Nye Jr. afirma que "a liderança não é uma mera questão de emitir ordens, mas envolve também a orientação por meio do exemplo e a atração dos outros para que cumpram um determinado papel". No fundo, se liderar fosse uma questão de mandar, seria tudo muito fácil. Qualquer um com poder para mandar seria líder. Não é assim. O próprio Mourinho me adiantou:

> *O que é para mim liderar? Para mim liderar não é mandar, para mim liderar é guiar. Eu vou fazer uma analogia com a paternidade para me explicar melhor. Você pode ser pai mandando ou pode ser pai guiando. Ora, o que acontece é que, hoje, qualquer pai tenta que o seu filho aprenda por ele mesmo, descobrindo o caminho, sem que tenha de lhe dar ordens. Quando você manda,você castra. Eu vou brincar*

*com o meu filho de caça ao tesouro. Eu não vou dizer a ele onde está o tesouro, sob pena de o jogo perder toda a sua eficácia, não apenas de lazer como também educativa. Ele tem de se esforçar por descobrir o tesouro, tem de fazer o que está ao seu alcance para, aos poucos, ir conseguindo reunir as pistas necessárias para o encontrar. Quando o encontrou, através das pistas que eu lhe dei, ele ficou contente porque foi ele que o descobriu, não eu que lhe disse onde estava. Se eu lhe tivesse dito de início onde se encontrava o tesouro, teria cerceado uma série de competências dele que, mais cedo ou mais tarde, haveriam de fazer com que descobrisse o tesouro e desse mais um passo na sua formação como ser humano.*

*Agora, transportando esta noção para o meu trabalho, não quero castrar, pelo contrário, quero desenvolver capacidades quer ao nível individual quer ao nível coletivo. Portanto, eu não mando, eu guio, e, no meu entendimento, guiar é um percurso que dá alguma flexibilidade ao nível comportamental, também ao nível mental e por isso os jogadores não se sentem algemados e sentem alguma liberdade.*

*Assim, se eles estiverem algemados não saem dali, são dominados por alguém, e no dia em que esse alguém – se tal acontecer – lhes tirar as algemas, eles se perdem e não saberão o que fazer. Ora, o que eu pretendo é prepará-los para a autonomia que eles terão de ter quer na sua vida quer no campo, onde eles têm, por semana, 90 minutos de autonomia, onde a minha ação, durante esses 90 minutos, é uma ação extremamente limitada. Nessa altura eles têm de ter poder decisório e decidir. Têm de ter capacidade criativa e criar. Nada disto se consegue com algemas, por isso, eu os conduzo, dando-lhes, ao mesmo tempo, condições para eles desenvolverem as suas capacidades ao nível individual e ao nível coletivo.*

Ainda na mesma linha – e como reforço de uma ideia que nos parece aqui central, a tentativa de aproximação aos conceitos de liderança e poder –, o mundialmente famoso cientista e escritor. Fritjof Capra afirma que a tarefa da liderança é facilitar o processo de emergência e, ao fazê-lo, promover a criatividade: "Isto significa criar condições, em vez de dar ordens, e usar o poder de autoridade para conferir poder aos outros".

Conclusão: esses dois autores e também José Mourinho apresentam-nos noções que, devidamente enquadradas, vão desembocar na mesma ideia: a de que a liderança eficaz facilita e fomenta a consciência individual – a sede da criatividade!

## *Special One* - um conceito global

*Para ser grande, sê inteiro: nada teu exagera ou exclui.*
*Sê todo em cada coisa.*
*Põe quanto és no mínimo que fazes.*
*Assim em cada lago a lua toda brilha, porque alta vive.*
(Fernando Pessoa, poema do Heterônimo Ricardo Reis, 14 fev. 1933)

José Mourinho é o *Special One*. Essa noção, como de resto muitas outras a esse nível, tenta captar o líder na sua totalidade, na sua globalidade, em todos os seus aspectos. José Mourinho é o *Special One*, uma noção que não se traduz em nada de concreto, mas que marca qualitativamente a sua forma de ser. O *Special One* é, assim, a maneira como as pessoas o olham na sua globalidade, uma globalidade que extravasa, portanto, o campo estrito do treinador de futebol. Acreditamos que é assim que José Mourinho é visto pela maioria das pessoas, embora de uma forma possivelmente mais intuitiva e instintiva do que analítica ou reflexiva: quando o criticam, quando o apoiam, quando dele falam, as pessoas não se referem apenas ao treinador, ao comunicador ou ao líder. Referem-se a José Mourinho, à sua globalidade, para o bem ou para o mal referem-se ao *Special One*, referem-se a um todo e ao todo que faz dele o que ele é como ser humano e ao todo que faz dele o treinador que é, porque, como muito bem intui o professor Manuel Sérgio, numa tão rica quanto feliz compilação de textos seus – os "Textos insólitos" –, "é o homem que se é que triunfa no treinador que se pode ser". Justamente por esse motivo, o *Special One* não é o treinador, mas sim o homem global e complexo que triunfou no treinador que já é, com todas as suas vitórias e troféus já conquistados. Contudo, o *Special One*, essa noção global do homem que é José Mourinho, não triunfou apenas no treinador. O treinador é apenas uma vertente do homem, por onde passa também o pai e marido que triunfaram, o filho e amigo que triunfaram, enfim, o líder que igualmente triunfou. Contudo, se o líder triunfou – e já estamos caminhando em direção ao olho do furacão, ou seja, à essência da liderança em Mourinho –, ele jamais conseguirá fazê-lo sozinho. E não é só ele! Como escreveu John U. Bacon no seu fantástico livro *Cirque du Soleil – a chama da criatividade* (2007: p. 121):

> *Uma trapezista nunca poderia levantar voo sem o trabalho especializado dos seus* riggers *e treinadores. Uma contorcionista nunca conseguiria fazer o público embarcar numa viagem à imaginação se não fossem os responsáveis pela sua maquilagem e pelo guarda-roupa, que fizeram com que a sua personagem e a sua representação se casassem numa colorida união. Cada cena, cada movimento, cada momento era o culminar dos esforços de centenas de pessoas.*

Nos dias de hoje não existem vitórias de uma só pessoa, nem sequer nos esportes individuais, já que, seja qual for o esporte ou a área de negócio, as vitórias e derrotas são sempre da responsabilidade de uma equipe que, direta ou indiretamente, trabalha no sentido de atingir o objetivo comum. É por essa razão que, quanto a mim, a liderança é, na sua essência, um processo social complexo (composto pelos mais variados sistemas), sistêmico (sistemas esses que se relacionam constantemente entre si de tal forma que estão sempre em evolução) e contextual (as ações do líder dependem e adaptam-se ao contexto, logo, um mesmo líder pode atuar de formas diferentes em situações idênticas mas inseridas num contexto diferente).

Como processo social complexo, envolve líderes e seguidores, homens e mulheres comuns em situações mais ou menos comuns ou insólitas. Começamos a entender, assim, por que nada pode ser descontextualizado, nem separado e, ao contrário, tudo está articulado e em interação. Começamos a entender a importância da globalidade em Mourinho e desde já fica fácil enquadrar o funcionamento, pelo menos ao nível do plano teórico, da perspectiva da complexidade.

## O líder é um ser humano

*Há muitas maneiras de comandar. Há pessoas, como Franklin Roosevelt, que nos arrebatam com os seus discursos. Outros, como Joe Di Maggio, lideram pelo exemplo. Tanto Winston Churchill como Douglas McArthur eram excepcionalmente corajosos e excelentes oradores.*

*A liderança de Ronald Reagan passava pela força e consistência do seu caráter, e as pessoas seguiam-no porque acreditavam nele.*

*Em última análise, acabarmos por descobrir quais são as técnicas e as abordagens que resultam melhor, e esse ensinamento virá daqueles que pretendemos dirigir. Uma boa parte da nossa capacidade de levar as pessoas a fazer o que devem depende do que veem quando olham para nós. Precisamos ver alguém que seja mais forte, mas que também seja humano.* (Giuliani, 2003: 13-4)

Nos primeiros meses da sua chegada a Londres para treinar o Chelsea, José Mourinho não se sentiu confortável com o fato de, na Inglaterra, se dirigir pela esquerda. Normal, por isso, o recurso ao táxi, quando, em último caso, precisava se deslocar pela cidade. Certo dia, Mourinho entrou num táxi londrino e alguns minutos depois ouviu do taxista, com um ar algo incrédulo: "O senhor é tal e qual o José Mourinho, não sei se sabe quem é, o treinador do Chelsea". José Mourinho manteve-se calado, ao mesmo tempo em que olhava a expressão fixa do homem, desconfiado, sem tirar os olhos de cima dele. Durante alguns segundos ambos se mantiveram calados. Depois, como que tendo subitamente encontrado a resposta, o taxista fixou mais uma vez Mourinho, semicerrou o olho direito e exclamou com ar triunfal: "Huuumm, não, não pode ser o Mourinho. Gente como ele não anda de táxi!".

Entendo, assim, que sendo a liderança, como foi dito, um processo social, forçosamente o líder terá de ser um ser humano como todos os outros, com o seu ciclo de vida mais ou menos longo, os seus defeitos e virtudes, a sua saúde e a sua doença, o seu carisma ou não etc. etc. Tem, obviamente, traços de personalidade diferentes, mas não é exatamente assim com todos nós, líderes ou não líderes? As suas características únicas só o tornam, afinal, humano naquilo que mais intrinsecamente nos distingue uns dos outros: o fato de sermos, todos e cada um de nós, únicos e irrepetíveis. Fica claro, portanto, que a liderança, o ato contínuo da liderança, acontece entre e com as pessoas. A liderança em ato não é algo de que alguém – o líder – se possa apropriar ou que muitos – os seguidores – também possam fazer. A liderança é algo que pertence a todos aqueles que participam em determinado processo em determinado local e hora (processo social). Nesse processo, cada um desempenha o seu papel, sendo, porém, que o líder é, sem dúvida, o ator principal, porque é ele o facilitador do desígnio coletivo. É para ele que são canalizadas todas as atenções, é sobre ele que recaem todos os holofotes, para o bem e para o mal. Contudo, um dos perigos é a tentação do "endeusamento". O líder é um ser humano cada vez mais mediático. Fácil de entender. O jornalismo vai aí buscar um importante fator de rendimento. O líder é, cada vez mais e com melhores resultados, um produto vendável. O líder, o verdadeiro e autêntico líder, tem de saber resistir à natural deriva narcisista e ao exibicionismo e saber, exatamente e em cada momento, que lugar ocupa neste mundo. No dia 20 de agosto de 2009, o jamaicano Usain Bolt bateu o recorde mundial dos 200 metros no Mundial de Atletismo de Berlim, na Alemanha. Esse recorde aconteceu poucos dias depois de o mesmo Usain Bolt ter batido, na mesma competição, o recorde mundial dos 100 metros.

Quando ganhou a prova dos 200 metros, logo ali, ficou claro que Usain Bolt era o herói do Mundial de Berlim. Minutos após a conquista da medalha e do recorde mundial, um jornalista, criador dos tais ídolos e mitos que vendem milhões de jornais, colocou-lhe, ao vivo, perante milhões de telespectadores em todo o mundo, a questão: "Sente-se um super-homem?", ao que Bolt, com um ligeiro sorriso no rosto ainda suado e uma humildade impressionantemente genuína, respondeu: "Não, não me sinto um super-homem. Sinto-me apenas um homem que corre rápido...".

Essa resposta, mais do que demonstrar que a verdadeira liderança é humana, ilustra uma forma de estar, uma forma de se ver e de se relacionar com os outros, de ser líder e, muito especialmente, ilustra um excelente exemplo de boa influência para quem o ouve. E ensina-nos ainda algo mais, um princípio que nos pode passar despercebido, mas que tem tanto de verdadeiro como de importante: hoje, ninguém mais é o melhor.

Ora, é a relação com as pessoas que torna Mourinho – e obviamente também Usain Bolt e tantos outros – especial. A forma como atrai, como comunica, enfim, como se conecta com a sua tribo. Uma conexão bem espelhada nas palavras de Vítor Baía quando o questionei sobre o relacionamento de Mourinho com os seus jogadores:

*Olhamos sempre para ele como um homem comum. De resto, ele próprio nunca cultivou essa forma de estar e nós sabíamos bem quem era o líder, mas também sabíamos que poderíamos rir e brincar quando fosse momento disso. Essa era, de resto, uma das facetas dele, mesmo em termos pessoais. Onde ele estivesse as brincadeiras não paravam. Ele provocava, em termos de brincadeira, todas as pessoas. Quantas vezes ele não provocava os assistentes com brincadeiras que os incitavam? E nós aproveitávamos isso e passávamos momentos bastante divertidos, mesmo no local de trabalho.*

*– Vocês o viam, portanto, como um ser humano normal, igual a qualquer outro...*
*– Claro...*

Também Jorge Costa tem a mesma opinião. Mourinho é um homem normal, mas um normal diferente, por isso é líder:

> *Nós sempre o vimos como um homem normal, não um super-homem. Contudo, também o víamos com grande admiração. Aceitávamo-lo incondicionalmente como o nosso líder. Nós sentíamos que ele tinha algo de diferente, com admiração. Não sei se pelo discurso, se pela imagem que passava, se pelos dois fatores, mas fundamentalmente pelo trunfo muito importante que ele tinha e tem: as decisões que tomava, no fundo, a sua capacidade decisória, em que tudo batia certo... No meu caso pessoal, o Mourinho é alguém para quem eu olho e que, naturalmente, não sendo dos meus melhores amigos, é alguém que vejo como amigo e profissionalmente como alguém diferente, sendo que essa diferença é marcada por diversos fatores.*

E continua Jorge Costa, ainda no âmbito das conexões que Mourinho estabelece com o seu grupo:

> *Ele age com os jogadores de uma forma perfeitamente natural. Recordo-me, no meu caso concreto, de quando jogamos a final da Liga dos Campeões e marcamos o 3 x 0. Dirigi-me ao banco e abracei o Mourinho. Isto é que é difícil perceber. Nós no futebol falamos muito no "puxa-saco", mas o meu gesto nada teve a ver com isso, e é até difícil perceber aquele cenário: numa final da Liga dos Campeões por que é que o capitão de equipe, quando a equipe marca o terceiro gol, em vez de ir abraçar os seus companheiros vai abraçar o treinador e dizer-lhe de um forma espontânea e sentida: "Você merece, é o maior!"? No meu caso concreto, ele era, e sempre será, o maior. Como ele provoca isto? Não sei... sente-se. É quase como quando uma pessoa se apaixona por alguém, e o amor é difícil de explicar, não é? No fundo são relações tão puras, tão naturais, que a explicação torna-se complicada.*

Também Deco, brasileiro de nascença, nacionalizado português, aborda a relação privilegiada que Mourinho tem com os jogadores. Treinado por José Mourinho no FC Porto, Deco recorda o conhecimento profundo da sua equipe e o controle que, a partir daí, Mourinho conseguia.

*O que mais me marcou era o controle psicológico que ele tinha sobre todos os jogadores. Ele sabia, exatamente, como tinha de agir com cada um dos jogadores. Sabia, também, que por vezes tinha de ser duro com um ou com outro e tinha a exata noção de como isso se iria refletir no próprio jogo. Sabia, ainda, como indiretamente podia dar algum "poder" ao jogador para discutir consigo a tática do jogo, mas sem perder autoridade, e ao mesmo tempo elevando a moral do jogador em questão, porque sabia que, pelas suas características de personalidade, o jogador precisava de um estímulo dessa natureza. Então, o que eu achava fantástico era esse controle, essa percepção de saber até onde poderia ir com qualquer jogador e como, por isso, poderia retirar dele o seu rendimento máximo. E não estou falando em termos técnicos ou táticos, mas sim em termos psicológicos. Nesse campo ele sabia exatamente como tirar o melhor de cada um.*

Em última análise, o líder eficaz é o que traz à tona o melhor que cada um tem dentro de si, é o que faz com que cada um se revele e dê o seu melhor em prol do grupo, dos objetivos da organização. É por isso que se disse e se escreveu – e ainda hoje isso acontece – que Mourinho tem a capacidade de transformar equipes medianas em superequipes e jogadores vulgares em superjogadores. No fundo, para que tal se consiga – e, recordo, porque falamos de um processo social entre pessoas comuns –, é necessário que o líder esteja conectado com as pessoas ao seu redor. Essa conexão inicia-se com o surgimento da liderança e vai evoluindo conforme os contextos. Em Mourinho, por exemplo, tenho, para mim, salvo melhor opinião, que a emergência da sua liderança aconteceu no Porto, como já citei.

Recordo-me da chegada de José Mourinho ao FC Porto. O clube estava longe dos seus tempos áureos, e o presidente do clube, Jorge Nuno Pinto da Costa, tentava devolver à instituição o passado recente, ou seja, tentava voltar às vitórias. Pinto da Costa optou então por demitir o treinador Octávio Machado, que não conseguira mais do que um desesperador sexto lugar ao iniciar-se o segundo turno do campeonato. Além disso, o clube não conseguia ser campeão havia já três anos consecutivos, *performance* de que só havia registro semelhante nos idos anos de 1970. Pela primeira vez, em cerca de vinte anos como dirigente, Pinto da Costa começava também a ser contestado pela torcida. Apostou então em José Mourinho, com a certeza de que aquela temporada, no que a vitória no campeonato dizia respeito, estava definitivamente comprometida, mas com a esperança de que melhores épocas viriam. A debilidade desportiva que o clube vivia não atemorizou José Mourinho, o novo treinador do clube do Porto.

No dia de apresentação à imprensa, José Mourinho arriscou, logo ali, tudo. No dia da sua apresentação a associados e jornalistas, em 23 de janeiro de 2002, José Mourinho disse o seguinte: "Eu tenho a certeza de que no ano que vem vamos ser campeões".

E no ano seguinte o FC Porto ganhou o Campeonato Nacional, a Taça de Portugal e a Taça UEFA (primeira vitória de um clube português nessa categoria). Mourinho prometeu menos do que aquilo que conseguiu.

Aquele momento e aquela frase geraram, quanto a mim, a emergência da liderança – tal como ela ainda se afirma hoje – de José Mourinho. O clube estava faminto de vitórias e precisava mudar. Mourinho, ao prometer a vitória, não só se antecipou ao futuro, como assumiu uma visão, um projeto ganhador, ambicioso e tangível, porque o que interessa não é a grandiosidade do objetivo ou do sonho, mas sim que ele seja realista e que todos possam acreditar na sua concretização. Mourinho não fez mais do que colocar um futuro sorridente aos portistas. E, ao fazê-lo, arriscou e logo choveram as críticas dos seus opositores esportivos. Contudo, para a sua tribo, para os seus comandados, para os seus seguidores, jogadores e torcedores, a mensagem foi de clara esperança e ambição. E todos acreditaram nele, e todos o seguiram a partir daí. Emergiu, então, uma liderança de tal forma forte que, mesmo quando errou – porque errar é humano e quando falamos de líderes estamos falando de seres humanos –, esses erros passaram ao largo de danos pessoais sensíveis.

Foi, portanto, através da promessa – com aparente risco pessoal – de um futuro melhor, mais atrativo e mais promissor que o novo treinador do FC Porto iniciou a sua interação com torcedores, dirigentes, jogadores e funcionários portistas. Ao fazê-lo, viu e sentiu, naquele contexto, a emergência da sua liderança, a sua forma de estar e ser no clube, naquele momento. Foi o início do tal processo social, um processo que envolveu muita gente comum, do topo à base, e que tão bons resultados deu: os melhores de sempre, em dois anos, na história do FC Porto. De resto, a história de Mourinho como líder no FC Porto é feita de integrações, de interatividade, de trocas entre ele e os seus seguidores. Essa história transformou, afinal, as forças de todos numa só força; as fraquezas de muitos em forças de outros tantos; as fraquezas de todos nas forças de todos, só possível graças a essa integração permanente e contínua num grupo que se constitui como um sistema.

Assim, veja-se como José Mourinho sempre entrou nos clubes, nas suas coletivas de imprensa de apresentação, por onde passou. Atentemos nos quatro últimos (FC Porto, Chelsea, Internacional de Milão e Real Madrid) e vejamos como a sua marca foi logo impiedosamente carimbada, como a sua atitude inicial deixou selada a relação que ele iria ter, não só com o clube, os jogadores e torcedores, como também com os próprios países desses clubes.

No FC Porto a frase "no ano que vem vamos ser campeões"; no Chelsea a frase "*I am a Special One*"; na Inter, por ter dado a primeira coletiva de imprensa num italiano irrepreensível. Três culturas, três contextos, três atitudes que ditaram e condicionaram o futuro de Mourinho e de todos os seus seguidores. E a verdade é que esses três clubes foram campeões logo nas temporadas imediatas. Quanto às reações a esses três momentos, elas são ilustrativas da forma como Mourinho deixou a sua marca e, de imediato, se conectou com os seus seguidores. Sobre sua chegada ao FC Porto, Deco, naquela época jogador do clube, escreveria mais tarde na sua biografia:

*Uma chegada* [de José Mourinho ao FC Porto] *que me permitiu ver algo a que nunca tinha assistido: em momento algum da minha carreira vi os jogadores tão contentes com a vinda de um novo treinador. Mais ainda, porque José Mourinho contagiou todos com a sua forma de ser, de trabalhar. Os seus métodos eram atrativos, os treinos eram animados, e logo nos primeiros dias sentimos que com ele as coisas iam dar resultado. (...) Mas logo sentimos também que a célebre afirmação de José Mourinho no dia da sua apresentação não tinha sido proferida em vão. Para quem não se lembra foi a seguinte: "Para o ano que vem vamos ser campeões!". Houve quem chamasse isto de arrogância, mas logo senti que era uma convicta manifestação de autoconfiança. O tempo encarregou-se de comprovar..."* (Alves, 2003: 125).

A sua chegada ao Chelsea foi também analisada pelo subcapitão Frank Lampard, na autobiografia titulada *Totally Frank (Lampard e McGarry, 2006)*. Sintomático do que aqui tenho estado defendendo é o fato de Frank Lampard dedicar um capítulo inteiro a José Mourinho, capítulo esse a que decidiu chamar: *"The Special One"*. O que Lampard escreve sobre o *Special One* é também revelador. O jogador inglês encontrava-se no estágio de preparação da seleção inglesa para o Euro 2004:

> *I saw his introduction as Chelsea manager on television the same as everyone else. Myself, JT [John Terry], Bridgey [Wayne Bridge] and Joe Cole*[9] *were holed up in the England team hotel in Manchester preparing for Euro 2004 when Mourinho exploded in our lives.*
>
> *I watched his performance in the press conference at Stamford Bridge and thought he came across as arrogant and very confident but I don't have a problem with that when someone has the medals in their locker to back it up. (...) From the moment I saw him handle the media on*

---

[9] John Terry, Wayne Bridge e Joe Cole juntamente com Lampard eram os quatro jogadores do Chelsea que integravam a seleção inglesa comandada pelo técnico sueco Sven-Goran Eriksson.

*his first day at Chelsea I knew that there was something which set him apart from everyone else.\** (Lampard e McGarry, 2006: 309-313)

Quanto à sua chegada à Itália. A postura, a mensagem, mas, sobretudo, o italiano fluente. Desse primeiro contato resultou o texto do famoso jornal *La Gazzetta dello Sport*, escrito pelo jornalista Riccardo Pratesi. O título já nos diz muito: *"E' SUBITO MOURINHO SHOW 'NÉ SPECIALE, NÉ PIRLA'"*.\*\* Depois, o início, destacado, como subtítulo:

> *Prima spettacolare conferenza stampa, in italiano, del nuovo tecnico dell'Inter: "Sono Mourinho e basta. Sono arrivato in un clube speciale (...)". Brillante, sicuro di sè, padrone di un italiano già eccelente. Josè Mourinho non si smentisce. Si presenta alla stampa con uma conferenza fiume di 45'*.\*\*\*

Recordo-me também da derrota, em casa, para os gregos do Panathinaikos. No ano de 2003, trabalhando para o FC Porto, a sua equipe perdeu, em casa, nas quartas de final da Taça UEFA, por 1 x 0. No final do encontro, Mourinho viu o treinador adversário, Sérgio

---

\* "Eu vi sua apresentação como gerente do Chelsea na televisão, da mesma forma como outro qualquer. Eu, JT (John Terry), Bridgey (Wayne Bridge) e Joe Cole estávamos enfurnados com a equipe inglesa no hotel, em Manchester, nos preparando para a Euro 2004, quando Mourinho explodiu em nossa vida. Assisti à atuação dele na conferência de imprensa em Stamford Bridge e achei que ele era meio arrogante e muito autoconfiante, mas isso não é problema quando alguém tem medalhas guardadas na gaveta para servir de aval. (...) A partir do momento em que vi como ele manejava a mídia em seu primeiro dia no Chelsea eu sabia que havia alguma coisa que o distinguia de todos os demais."

\*\* "O MOURINHO SHOW COMEÇA AGORA: 'NEM ESPECIAL, NEM IDIOTA'".

\*\*\* "Primeira espetacular coletiva de imprensa, em italiano, do novo treinador da Inter: 'Eu sou apenas Mourinho. Cheguei a um clube especial (...)". "Brilhante, seguro de si mesmo, já domina o italiano com perfeição. José Mourinho não decepciona. Apresenta-se sorridente à imprensa, numa coletiva de 45 minutos."

Markarian, festejando como se já tivesse vencido a eliminatória. Não gostou e de imediato se dirigiu ao seu adversário:

*"'Não estejas aos saltos que isto ainda não acabou." Logo em seguida passou pelos torcedores portistas, nas arquibancadas do Estádio das Antas, e fez-lhes um sinal como que dizendo "tenham calma, ainda temos uma palavra a dizer..." (...) Quando chegou aos vestiários, depois de ter visto a festa grega, deparou com o inverso. Os seus jogadores estavam tristes, frustrados e de cabeça baixa. Ali mesmo José Mourinho quis deixar as coisas bem claras. "Isto não acabou, e eu disse isso mesmo agora, ao treinador deles. Nós vamos lá dar o troco na eliminatória, e se alguém aqui não acredita que é possível ganhar lá e passar às semifinais que diga já, porque fica aqui e eu vou para a Grécia com outro"'.*
(Lourenço, 2004: 151)

Nos dias que se seguiram, conforme Mourinho relatou, "as pessoas me cobraram [a vitória na Grécia depois do que eu lhes tinha dito] até ao jogo na Grécia. Encontravam-me na rua e diziam-me: 'Mister, não se esqueça de que disse que isso ainda não está terminado. Temos de ir lá ganhar, nós acreditamos...'".

Quinze dias depois o FC Porto ganhou o jogo por 2 x 0, classificando-se para a semifinal da Taça UEFA, competição da qual levaria a taça de campeã nesse ano.
Seis anos depois, quando entrevistei Vítor Baía, um dos exemplos que me deu para ilustrar a capacidade de motivação, influência e a forma como o relacionamento de Mourinho com os comandados é profundamente marcante foi:

*Recordo-me de quando acabou o jogo com o Panathinaikos, nas Antas, e perdemos de 1 x 0. No final nós o vimos sair do lugar para cumprimentar o treinador deles e não sabíamos o que iria dizer. Depois ele chegou ao vestiário e nos contou. Ele aproveitou aquilo para nos dar motivação, porque nós estávamos mortos. Perder aquele jogo em casa foi uma paulada tremenda, deixou-nos abatidos. Mas tivemos a sensação de que ele foi dizer qualquer coisa ao treinador dos gregos e também fez uns sinais para a nossa torcida e depois chegou ao vestiário e nos contou tudo antes de nos garantir que o segunda partida era mesmo para ganhar: "Já avisei o treinador deles disto mesmo", ou seja, ele não foi cumprimentá-lo, foi, isso sim, dizer-lhe que aquilo ainda não tinha acabado e que nós iríamos à Grécia para ganhar. Recordo-me, também, de que ele passou pelo Chainho[10] e disse: "Avise os seus colegas que estão todos aí festejando que esta "merda" não acabou agora. Nós vamos lá e vamos ganhar!" Ele chegou ao vestiário e a primeira coisa que me disse foi: "Vocês levantem a cabeça que nós vamos ganhar lá", e depois frisou muito bem: "Eu já avisei o treinador deles, eu já avisei os jogadores deles que nós vamos ganhar lá e virei-me para a nossa torcida e disse a mesma coisa."*

*Ora, nós estávamos mortos e aquilo foi algo que nos levantou a moral de uma forma absolutamente incrível. A tal ponto que quando cheguei a casa estavam lá a minha mulher e alguns amigos, todos com a moral muito baixa, e a minha reação imediata foi logo perguntar-lhes: "Quanto é que querem apostar que vamos ganhar lá?".*

Muitos outros exemplos poderíamos citar aqui, mas estes são suficientes para demonstrar a conexão e a relação (dependente e interdependente) que Mourinho, como líder, consegue com os seus seguidores, quer os mais diretos, aqueles com quem trabalha diretamente, quer aqueles sobre os quais exerce influência por via indireta. A conexão do líder com os seus seguidores é, hoje, quanto a mim, fator absolutamente decisivo e primordial para a eficácia da liderança. Neste capítulo, Mourinho é mestre. Por quê? Por tudo o que foi dito e por muito mais, mas se há algo que o define como líder e que tudo, mas absolutamente tudo, condiciona é o fato de Mourinho ser um líder que se coloca no centro do círculo e não no topo

---

[10] Chainho era um jogador português que já tinha passado pelo FC Porto e jogava, na época, no Panathinaikos.

da pirâmide. Essa noção de posicionamento de liderança, que tudo acaba por condicionar, entronca na ideia de que os líderes, hoje, não se posicionam apenas no topo de uma pirâmide, mas sim, e bem na lógica do que tenho defendido, no centro do – ou de um – círculo. Ou, dito de outra forma, o líder eficaz encontra-se, orgânica e psicologicamente, no meio de uma complexa teia de relacionamentos. Um dos temas que abordei com Didier Drogba foi justamente esse posicionamento e também o relacionamento de Mourinho com os seus jogadores. Atente, inclusive, à comparação que Drogba aqui faz:

*Ele está sempre muito perto dos jogadores e é até por isso que os jogadores lhe retribuem. Ele é diferente dos outros treinadores que conhecemos sempre com um ar sério. Ele ri com os jogadores, conta piadas, enfim, nós, que trabalhamos diariamente com ele, nós o vemos de uma forma que as pessoas que não estão com ele não conseguem ver.*

*– Como era o relacionamento com vocês no campo emocional? As pessoas dizem que ele é muito emocional...*

*– Sim, ele é um homem muito emocional. Era frequente vê-lo festejar um gol como se fosse um jogador. E nessa emocionalidade era capaz de entender o mesmo nos jogadores. Por exemplo, na França, antes de um jogo, um jogador teve um problema com a filha e ele disse: "O.K., vai para casa, vai ver a tua filha e vai resolver o teu problema e quando tudo estiver resolvido volta." Estes são pequenos detalhes, mas que contam muito para um jogador e que fazem de Mourinho o treinador que ele é.*

*– É por esses pequenos detalhes que o Didier não esquece o primeiro encontro que teve com Mourinho.*

*– Sim, estávamos numa pequena sala, falamos de muitas coisas e no final ele disse-me algo de que nunca me esquecerei: "Tu és um bom centro-avante, mas, para seres um dos melhores do mundo, para estares no top, tens de vir para o Chelsea trabalhar comigo".*

*– E o que ele promete ele cumpre, e isso é muito importante: cumprir as promessas. Efetivamente o Didier Drogba é hoje um dos melhores atacantes do mundo.*

*— Obrigado (risos). Sim, cumprir as promessas é fundamental, especialmente se estamos dizendo a um jogador, a uma pessoa, que ele vai ser o que, no fundo, ele quer ser. É por isso que serei eternamente grato a ele. Ele não falou comigo só por falar. Ele falou porque viu em mim qualidades que, efetivamente, podiam me levar ao nível em que me encontro hoje. Ele viu o meu potencial. Aquilo que ainda estava escondido mas que viria a fazer de mim o que sou hoje, sem dúvida que ele viu isso num primeiro momento, e num segundo ajudou-me a manifestar, a desenvolver todo esse potencial que tinha dentro de mim."*

Também Deco fala das necessidades pessoais dentro de um grupo e da permanente atenção de Mourinho em relação a isso.

*Ele não pergunta como treinar. Ele adapta-se ao cansaço físico e mental do jogadores. Muitas vezes nos dá folga porque vê que estamos precisando. Para mim ele chegou a dizer: "Vai três, quatro dias para o Brasil". Ora, é como eu digo, isso significa um conhecimento muito profundo de como cada jogador reage, daquilo que ele necessita. No meu caso, eu voltava feliz da vida e com necessidade de retribuir o que ele tinha feito por mim. Portanto, ele tem a percepção de tudo e isso também acontece nos treinos. Ele pergunta como é que os jogadores estão, como se sentem aqui ou acolá no campo...*
*— Mas ele envolve os jogadores no projeto que é a equipe?*
*— Sim, porque imagine um dia em que você está cansado, com dificuldades de treinar. Ele entende tudo isso e gere da melhor forma, e você, que é grato, quando regressa vai dar mais para ele do que daria em condições normais. É assim: uma coisa é alguém fazer o seu trabalho, cumprir o que as pessoas lhe pedem etc.; outra coisa é ter-se prazer em fazer isso. Com Mourinho nós tínhamos prazer e isso fazia com que o rendimento dobrasse, porque uma coisa é fazer trabalho como obrigação, outra coisa é fazê-lo com alegria e prazer. E assim ele conseguia com que o jogador se sentisse importante, e esse é o segredo.*

Assim, os líderes eficazes e que compreendem essa noção de liderar reconhecem a sua interdependência referente ao meio e trabalham interativamente com esse meio num e para um mundo de possibilidades. Mourinho é, assim, alguém que está entre os seus, que deles faz parte, que com eles se confunde. A importância de ser assim é fundamental. O líder só é líder porque tem seguidores, e só tem seguidores porque há gente que decide seguir, que aceita seguir. A liderança é, portanto, uma relação que implica escolhas prévias: a escolha de querer liderar e a escolha de aceitar seguir. Uma vez sejam aceitas essas duas premissas, a relação é como a chama de uma vela: sem oxigênio ela se apaga.

O oxigênio encontra-se, justamente, nas ações e nas atitudes do líder. São elas que mantêm a chama acesa, que fazem com que queiram se juntar ao líder ou fugir dele, queiram lembrar-se ou esquecer-se, queiram estar ou não. Por isso, abordar a temática da liderança sem levar em conta a qualidade da relação entre líder e seguidores é não chegar a entrar na essência da questão. Por isso, o posicionamento estratégico do líder frente a seus seguidores é fundamental para estabelecer essa relação – que vive de afetos, porventura acima de tudo – primordial que sustentará a liderança. Daí que, como disse, é fundamental o posicionamento de Mourinho para que ele seja o líder que é.

Como afirmei, ele se posiciona no centro do círculo, não no topo da pirâmide, como ainda hoje há quem defenda que deve ser.

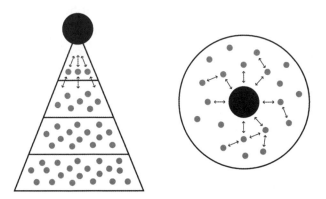

José Mourinho está no centro do círculo, com os seus, e assim estabelece as relações especiais que lhe são reconhecidas (cumplicidade, solidariedade, camaradagem, corresponsabilidade, entre muitas outras).

John Terry afirmou: "Quando não está na frente das câmaras, ele é um dos nossos, faz parte da turma".

Num tom mais coloquial, mas não menos eloquente para o que pretendo aqui provar, Benny McCarthy, jogador sul-africano, que com Mourinho venceu uma Liga dos Campeões como treinador do FC Porto, disse: *"He's more an extra-player then he is a coach. That's what makes him Great"*\*.

Numa análise um pouco mais profunda, Vítor Baía afirmou:

> *Ele mantém uma relação muito próxima com todos os que trabalham com ele, mas, ao mesmo tempo, não existem dúvidas para ninguém de que ele é a figura principal do grupo em que estamos inseridos. Sabemos que é ele quem manda, mas, acima de tudo, sabemos que ele é a pessoa em quem nós confiamos. Por quê? Porque a mensagem que ele nos transmite é uma mensagem de confiança, daí que, nós, como jogadores, tenhamos sempre a certeza que, se estivermos numa situação delicada, teremos sempre alguém que nos saberá guiar para conseguirmos ultrapassar os obstáculos.*

Curiosa essa última parte do discurso de Baía. A forma como o atual dirigente enquadra a posição de Mourinho relativamente ao seu grupo: "Se estiver numa posição delicada, teremos sempre alguém que nos saberá guiar." Mas não é esta a tarefa fundamental do líder? Guiar?

Também Jorge Costa não fica muito longe dessa ideia de Baía, como podemos comprovar:

> *Ele tem a capacidade – que não é fácil – de saber gerir muito bem todas as situações. Há certos momentos em que ele é quase como um*

---

\* "Ele é mais um jogador extra do que um treinador. E é isso que o faz Grande."

*colega de equipe e a relação dele com os jogadores é completamente diferente daquela que tem com quem não faz parte do grupo de trabalho. Reside aqui o seu grande trunfo ou a grande dificuldade dos outros treinadores, que é quase conseguir ter duas faces. A imagem que ele passa de arrogância, de que "eu sou o máximo" – e aqui coloca-se claramente no topo da pirâmide em relação ao exterior –, e depois, internamente, o discurso que ele tem para com os seus jogadores, e que é um discurso totalmente diferente, um discurso* soft, *um discurso que, com alguma facilidade e naturalidade, nos faz acreditar em tudo aquilo que ele acha que é importante, de uma forma simples e natural. Neste caso, a imagem que passa é a de um líder no centro do círculo com os seus. Portanto, a imagem que ele passa para o exterior tem a ver com a blindagem que ele pretende que o seu grupo de trabalho tenha, depois, internamente, com o grupo de trabalho, tem uma abertura quase total, o que faz com que ele esteja completamente no centro do grupo e com que tudo depois gire em torno de suas ideias. Volto a frisar, não que ele as imponha de alguma maneira, mas sim de uma forma perfeitamente natural e até informal.*

Já Didier Drogba fala em proteção, mas não sempre e a qualquer preço. Quando quer, quando entende, Mourinho também pode ser duro.

*Ele é muito protetor. É uma pessoa que protege ao máximo o seu grupo de trabalho, que ele considera uma família. Por essa razão ele fala muito na primeira pessoa: para proteger o seu grupo. É também por isso que ele nunca critica um jogador seu externamente, nunca o faz aos jornalistas. Se perdemos, ele tenta desculpar-nos, mas, quando entra no vestiário, é melhor fugir. Aí, sim, ele sabe ser duro com os jogadores. No fundo, o que importa é preservar o grupo das ameaças externas, mas neste campo ele não é único, basicamente todos os treinadores tentam fazer isso.*

Por fim, num outro exemplo que define e reforça bem tudo o que foi dito – e que se torna particularmente importante porque nos chega de outro país, com uma cultura bem diferente da cultura portuguesa –, transcrevo a descrição do antigo jogador internacional inglês Ian Wright, que traçou o perfil de Mourinho, após tê-lo visto celebrar uma vitória com os jogadores do Chelsea: "Se outro treinador abraçasse os seus jogadores, eles poderiam ficar imóveis ou encolher-se instintivamente pela surpresa ou pelo embaraço, [mas com Mourinho] consegue-se ver a camaradagem que existe entre ele e a equipe". (Ian Wright *in* Barclay, 2006: 151).

Essa camaradagem ficou também patente no final da eliminatória com o Barcelona, na temporada de 2004/05, em que o Chelsea saiu vencedor. Mourinho entrou em campo para festejar e lançou-se sobre as costas de John Terry, uma atitude que mereceu de Desmond Morris[11], o seguinte comentário, relatado por Barclay (2006: 150-1):

*Foi esse grande observador da raça humana (e adepto inveterado de futebol), Desmond Morris, que chamou a minha atenção para isso. "Não consigo pensar noutro treinador que tivesse podido fazer aquilo", acrescentou (...). Ambas as pernas de Mourinho ficaram no ar. Foi uma expressão de linguagem corporal que eu nunca tinha visto no futebol. Significa que ele é um dos jogadores.*

Em outra ocasião, Morris havia já dito: "*I disagree slightly with the portrayal of Mourinho as a father figure to his players. He is more like an elder brother. Or the leader of the gang*".* (Morris *in* Batty, 2006: 150).

Fica claro que Mourinho é mais um dos elementos do grupo. Com outras funções, é certo, porém mais um. É essa posição que lhe dá a legitimidade da sua liderança, que lhe dá o poder brando de guiar e não o poder duro de mandar. É dessa forma que Mourinho é um líder de centro de círculo, e não de topo de pirâmide. Por isso, pelas relações que estabelece – relações douradoras –, os seus exemplos

---

[11] Zoólogo e etólogo britânico que concentrou os seus estudos no comportamento animal e humano, autor do *best-seller O macaco nu*.

* "Eu discordo um pouco do retrato de Mourinho como uma figura paterna para seus jogadores. Ele é mais como um irmão mais velho. Ou o líder da gangue."

ficam e a sua liderança permanece, como podemos observar pela influência que ainda hoje exerce sobre homens, como Vítor Baía ou Jorge Costa. E, agora, não resisto ao impulso de deixar aqui, para que melhor se perceba o que acabei de escrever, um exemplo, embora no sentido contrário. Justamente um exemplo que ilustra como a liderança pode ser efêmera, se não for sustentada por bases sólidas e por relações consistentes e efetivas. Se os seguidores não forem pessoas livres, que se sintam à vontade para expressar opiniões e emoções, se não forem pessoas que tenham um "desrespeito saudável" pelo líder. Enfim, se a liderança não for feita de aceitação livre e espontânea.

> *Como observou o presidente George Bush, pai, quando lhe perguntaram o que havia mudado desde que ele deixou o cargo: "Bem, para começar, já não venço todos os jogos de golfe de que participo...".* [12]

É claro que as linhas anteriormente descritas não passam de um exemplo. Talvez George Bush (pai) tenha apenas tentado fazer uma brincadeira diante da pergunta que lhe havia sido colocada e, portanto, a questão de ganhar ou perder jogos de golfe até nem é importante. Contudo, ela traduz uma ideia muito clara e simples. Perante certo tipo de "líder", as atitudes dos seguidores podem, muitas vezes, ser de bajulação ou medo (daí que Bush ganhasse todos os jogos quando era presidente e não pela qualidade do seu jogo). Quando esse "líder" deixa de ser o líder, desaparecem os tais sentimentos negativos e, naturalmente, emerge nas pessoas o seu sentimento de liberdade para agir como querem ou como pensam que devem agir. Sentem-se, enfim, livres para ganhar os jogos de golfe.

O que me interessa reforçar com esse exemplo, e sem colocar minimamente em causa as qualidades de liderança de George Bush (pai), é a ideia anteriormente descrita de que só pela vontade genuína – se quisermos, pela liberdade – a liderança feita de aceitação voluntária poderá perdurar.

A liderança de Mourinho se encaixa perfeitamente nessa ideia.

---

[12] Kets De Vries *in Como o líder pensa*, p. 68.

# A paixão

*We may affirm absolutely that nothing great in the world has been accomplished without passion.* \*

Em uma palestra que dei sobre a liderança de Mourinho, em que pude contar com a presença do próprio, nós dois nos disponibilizamos para responder a todas as questões que, eventualmente, pudessem surgir da plateia, a pergunta que mais me marcou veio de um membro da diretoria da Portugal Telecom: "Meus parabéns, gostei muito de tudo o que disseram, estou de acordo com tudo, mas ficou uma questão que não vi ser respondida nem sequer abordada nesta palestra – qual o papel da *paixão* em tudo isto?"

A pergunta foi dirigida a mim. Conhecendo José Mourinho, não foi difícil responder. Contudo, o estrago já estava feito: a lacuna de algo tão importante como a paixão numa liderança de sucesso.

Essa lacuna não vai aqui acontecer. Aprendi a lição. O óbvio, o que está, por vezes, mesmo debaixo do nosso nariz, é justamente aquilo que não conseguimos ver. A paixão de Mourinho pelo jogo salta aos olhos desde criança. É o mais visível que podemos descortinar na sua vida e na sua atuação. Foi exatamente o que eu deixei passar...

As relações, sejam elas de que tipo forem, têm sempre a ver com a personalidade de quem estamos falando. Uma personalidade que se traduz em comportamentos, em formas de ser e de analisar a vida e que se refletem na forma como nos relacionamos com os outros e, até, conosco próprios.

Sem pretender fazer uma descrição exaustiva da Teoria dos Traços de Personalidade – até porque há muito ela está ultrapassada –, é importante, nesta fase, recuperar alguns dos traços de personalidade de Mourinho para que possamos compreendê-lo como homem, treinador e líder.

---

\* "Podemos afirmar com absoluta certeza que nada grandioso no mundo foi conseguido sem paixão." (Disponível em: www.famous-quotes-and-quotations.com/famous-quotations.html.)

Em primeiro lugar a *paixão*. Disse Peter F. Drucker que nunca viu "resultados serem alcançados sem paixão". Escreveu Francis Hesselbein, presidente do Conselho de Diretores da Peter F. Drucker Foundation que "o futuro pertence aos líderes apaixonados, conselheiros e corajosos, àqueles que assumem riscos". Não poderia estar mais de acordo com ambos, e só no caso de Hesselbein faria um pequeno adendo. É que a paixão, o líder apaixonado, para utilizar a sua terminologia, está na base de todos os atributos seguintes, ou seja, sem ser apaixonado não acredito que se possa ser conselheiro, corajoso ou mesmo que se esteja disposto a correr riscos. Por quê? Porque a paixão envolve-nos de corpo e alma no projeto, justamente pelo seu caráter eruptivo, impetuoso e tempestuoso. Estar apaixonado é, a partir de si mesmo, entregar-se ao outro, porque o êmbolo de toda a paixão é o *outro*... a quem se procura atrair, entusiasmar ou conquistar para um projeto comum.

Daí que paixão, em múltiplos sentidos, tenha a ver com o futuro.

Sim, porque só quem sente paixão, quem se apaixona, é capaz de pensar em termos de futuro, é capaz de se projetar nele. Ter paixão é ver possibilidades e pensar que as alcançamos; é não dormir, é levantar bem cedo porque temos projetos por realizar. Ter paixão é ter visão, e quanto mais apaixonados por essa visão estivermos, mais ela será clara e ambiciosa. Estar apaixonado, ter paixão, é sonhar, é deixar fluir o pensamento e dar asas ao presente em direção ao futuro que imaginamos para nós e para os outros. Já viu alguém que sonhe mais que as crianças? Eu também não. É por isso que, quando lhes perguntamos – e só a pergunta já é indicadora dessa realidade – o que querem ser quando forem grandes, elas têm invariavelmente e sempre uma resposta, que pode ser diversa, mas não deixam de tê-la: um super-herói, um astronauta, um bombeiro, ou até um pirata. Para as crianças, as possibilidades são ilimitadas, e geralmente essas possibilidades levam-nos a profissões que envolvem sempre uma aura romântica. Ser criança é, por definição, estar apaixonado, viver com paixão, viver no futuro e no seu sonho. Quer maior visão do que isso? Assim, em última análise, a paixão provoca-nos e desenvolve em nós uma vontade de profundo envolvimento no que estamos fazendo ou no que queremos fazer. E envolvimento é a palavra-chave para o sucesso e, por consequência, para a liderança de sucesso.

Questionamos Vítor Baía sobre a importância da paixão em Mourinho e nos grupos por ele comandados. A resposta foi elucidativa:

> Ele é um viciado em trabalho. Só não trabalha 24 horas por dia porque tem a família e tem de dormir, senão, era isso que faria. Portanto, tirando o dormir e a família, ele está sempre trabalhando, programando/antecipando...
> Os jogadores sentem perfeitamente a grande paixão que ele sente pelo que faz. De resto, isso está dentro das suas qualidades mais intrínsecas. Aliás, quem não tem essa paixão não pode fazer tudo aquilo que ele faz da forma natural como o faz.

Também Didier Drogba me falou desse tema. Ilustrativo, da sua parte, a separação entre paixão e a ânsia desmedida de ganhar. Drogba acaba por, curiosamente, canalizar essa ideia de paixão para o jogo em si e não para o seu objetivo primordial que é a vitória. Separa a águas e explica o que significa o conceito, visto dessa forma, enquadrado no tema da liderança de Mourinho.

> A paixão é uma característica fantástica nele. Ele respira, ele come, ele dorme futebol. É futebol o tempo todo. Mas depois sabe separar as coisas, e é isso que eu gosto nele. Futebol é uma coisa, ganhar é outra.
> Ele nos dizia: "Vamos jogar hoje, e se jogarmos bem e dermos o melhor de nós, mesmo que a derrota seja o resultado final, podemos ir jantar descansados porque vamos de consciência tranquila". Agora, se jogarmos e não dermos o máximo, com ele, a vida fica difícil.
> – E essa forma de ser vem da paixão que ele tem pelo jogo?
> – Parte disso vem. Sabe, sobre quem quer que seja que estejamos falando, para ser treinador de futebol tem de ter uma grande paixão pelo jogo. Por quê? Porque para mim futebol não é trabalho, é paixão, e para o Mourinho também. Veja, não creio que haja por aí muitos treinadores que tenham sido zagueiros, na terceira divisão portuguesa,

*e que tenham chegado aonde ele chegou. É preciso ter muita paixão para fazer um percurso como o dele, com certeza.*

Por fim, interessante será, igualmente, atentarmos à etimologia da palavra. Paixão vem do latim *passio*, que significa *o fato de suportar, sofrer* e, dessa forma, nos confrontarmos com a característica intensa da paixão.

Se olharmos com alguma atenção para os mais comuns procedimentos de Mourinho, como o seu envolvimento, a sua capacidade de estar sempre "em jogo", a sua insaciável capacidade competitiva, a sua ambição em seu permanente foco na vitória, entre tantos outros, facilmente descobrimos traços de imensa paixão pelo jogo e pelo seu trabalho.

## Perder não é opção

> *He [Mourinho] had infected us with the victory virus, the desire to always win. Only success mattered.\** (Drogba, 2008: 154)

Decorrente desse traço de personalidade em Mourinho, de permanente e infatigável encantamento, da sua paixão, outro traço surge diante de nós. A sua sede de vitória. Para Mourinho, "perder não é opção".

A esse respeito, Jorge Costa se recorda bem da sua chegada ao FC Porto e confidenciou-me que, com Mourinho...

> *Desde o primeiro dia em que começamos a trabalhar só se fala e pensa na vitória. E quando digo "primeiro dia" é mesmo isso que quero dizer porque essa ideia, esse espírito de vitória, entra em nós como uma espécie de semente cujo fruto mais tarde colheremos. E a verdade é que nós íamos jogar em Alvalade, em Manchester, em Barcelona, e a*

---

\* "Ele [Mourinho] infectou-nos com o vírus da vitória, o desejo de sempre vencer. Apenas o sucesso importava."

única ideia que tínhamos era a de que íamos ganhar, porque sabíamos e sentíamos que podíamos fazê-lo. Estávamos completamente convencidos de que éramos os melhores e éramos mesmo, prova disso foi o fato de ganharmos todas as provas que disputamos, quer em Portugal, quer na Europa.

Na mesma linha de raciocínio, Vítor Baía não deixa de enaltecer e realçar as virtudes dessa atitude de vitória:

*Ele é perfeitamente focado na vitória, viciado, diria mesmo. Nesse aspecto ele é bastante claro nos seus objetivos e não deixa dúvidas a ninguém acerca da única coisa que pretende: vencer. E para conseguir seu objetivo a mensagem de confiança que ele nos transmite é bastante poderosa. Por isso, além dessa confiança que ele nos transmitia nós nos sentíamos os melhores jogadores do mundo. Podíamos não sê-lo, mas no nosso íntimo era isso que sentíamos.*

Por fim, o meu próprio testemunho. Como é natural, vibro com as vitórias de Mourinho e sofro com as suas derrotas. Tenho, assim, por hábito, dar-lhe os parabéns sempre que ele consegue alguma vitória importante. Sempre que o faço, a tendência de Mourinho é desvalorizar o que acabou de ganhar para se centrar no que ainda está por ganhar. Exemplo disso aconteceu no dia anterior ao que escrevia estas linhas. Mourinho tinha acabado de ser considerado o melhor treinador do *Calcio* na temporada de 2008/09. Dei-lhe os parabéns pelo fato, para de imediato obter a sua resposta: "Obrigado, mas o que interessa é ganhar o campeonato. Isso é que é importante".

Recordo-me, ainda, de um outro exemplo que ilustra bem essa forma vencedora de ser, apenas a vitória interessa. Um episódio que demonstra essa filosofia, mas que, ao mesmo tempo, nos diz como se vence: só acreditando intrinsecamente que se ganha... se pode ganhar.

No final do encontro das semifinais da Liga dos Campeões, no Estádio das Antas, com o Deportivo la Corunha, esperei por Mourinho na saída do vestiário do FC Porto e fomos jantar, já perto da meia-noite.

O FC Porto tinha acabado de empatar sem gols, pelo que o jogo na Espanha seria de altíssima dificuldade. Além disso, nessa temporada, o Deportivo "cilindrava" todos os adversários no seu estádio (por exemplo, o AC Milan tinha "encaixado" quatro gols no encontro anterior, das quartas de final da competição). O panorama era, assim, muito pouco atrativo para o encontro que decidiria a passagem do FC Porto à final. Eu estava arrasado, confesso.

Tinha dúvidas se a equipe de Mourinho conseguiria ir a La Corunha ganhar ou até empatar com dois gols. O percurso para o restaurante foi mais ou menos silencioso, com apenas algumas palavras circunstanciais.

Já no restaurante, apesar de toda a calma do mundo que Mourinho demonstrava, eu disse a ele: "Zé, o Corunha jogou melhor. Lá vai ser terrível. Estamos lixados". Mourinho, imperturbável, continuou a passar manteiga no seu pedaço de pão e, sem nem sequer olhar para mim, respondeu: "Não te preocupes. Eu vou lá dar-lhes com a ripa". Colocou o pão na boca e começou a mastigar até que, finalmente, olhou para mim. Respondi-lhe apenas: "Tu lá sabes", e logo em seguida pensei comigo: "vai lá dar-lhes com a ripa?!? Assim? Depois do baile que levou esta noite, vai lá dar-lhes com a ripa? Mas este gajo é doido ou é inconsequente?".

Nunca mais esqueci esse episódio, especialmente porque duas semanas depois o FC Porto foi a La Corunha "dar-lhes com a ripa": ganhou por 1 x 0 e classificou-se para a final. Quando perguntei a Didier Drogba o que mais tinha ficado em sua memória do tempo em que havia trabalhado com Mourinho, respondeu com a ideia de vitória e a confiança em atingi-la:

> *Em primeiro lugar, fiquei com a sua atitude vencedora. Ele é um vencedor, sem qualquer margem para dúvida. E uma pessoa torna-se líder porque sabe o que está fazendo e porque faz os outros acreditarem no que está fazendo. Porque se alguém for para um treino com dúvidas, com indecisões, sem saber muito bem o que fazer, confuso, muito emocional, acaba por perder o controle e depois nada acontece.*

Portanto, tem de estar confiante no que está fazendo, e José Mourinho é muito confiante no que faz e transmite isso ao grupo com quem trabalha.

## A Descoberta Guiada

> *A descoberta consiste em ver o que todos viram e em pensar o que ninguém pensou.* (Anônimo *in* Tomas, 2009: 103)

Falei anteriormente sobre a forma de José Mourinho liderar. Ficou-nos na memória, logo no início, a sua definição: "O que é para mim liderar? Para mim liderar não é mandar, para mim liderar é guiar"

Ora, reside justamente nessa forma de pensar a metodologia de Mourinho que modela, no fundo, todo o seu trabalho, como treinador e, sobretudo, como líder. Essa metodologia Mourinho apelidou de *Descoberta Guiada*. Vejamos como ele a definiu, na sua biografia, escrita por mim, no ano de 2003:

> *A minha* Descoberta Guiada *não tem tanto a ver com o perceber, mas sim com o sentir, ou seja, com o que os jogadores sentem em determinado tipo de situação ou de movimentação. Eu pergunto o que eles sentem em nível de experimentação... vamos experimentar e sentir em nível de posicionamento em que me apoio... em nível mental não tenho medo de errar porque isto está coberto... É daqui que partimos, executamos em treino e recebo o* feedback *que me permite mudar de acordo com isso. Tenho essa elasticidade, que é ter a capacidade de promover alterações dentro do próprio exercício por aquilo que me dizem. Se entender, pelo que me dizem, que o exercício não está adequado à situação, eu o altero na hora. Às vezes, ao fim de três minutos, já introduzi uma nova regra no exercício de forma a adaptá-lo àquilo que os jogadores estão sentindo. No fundo é também a operacionalização diretamente ligada à* Descoberta Guiada.

Essa metodologia encerra um mundo de ideias e, não fosse outro o nosso objetivo, mil páginas não bastariam para dissertar sobre a riqueza dessa afirmação. Contudo, tal não será aqui possível, tão pouco desejável.

Fiquemo-nos, então, com apenas algumas considerações que entendo indispensáveis.

Em primeiro lugar, a *Descoberta Guiada* constitui-se num fator bastante importante, fundamental, diria mesmo, nas organizações atuais: ela estimula a eficiência mental. Ao discutir, questionar, experimentar, a *Descoberta Guiada* obriga o funcionário a pensar/sentir e – porque não se trata aqui de qualquer *brainstorming* onde todo o raciocínio é permitido – estimula-o a pensar com eficácia no sentido do enquadramento das questões que se vão colocando; obriga-o também a evoluir por si mesmo, já que o processo é evolutivo e todos têm de acompanhá-lo. Quem parar de pensar está, por isso, fora do trem, e quem fica nos degraus, como sabemos, não segue em frente, e se mais tarde o fizer irá chegar atrasado. Ao questionar e experimentar, o método de Mourinho não permite estagnação.

Ao contrário, ele está sempre em evolução e nada hoje é igual a ontem num processo conjunto em que todos participam da evolução.

Mais uma vez demitir-se desse trajeto é ficar de fora, ao mesmo tempo em que erradica qualquer hipótese de *pensamento grupal*. No fundo, chamo a atenção para a relevância do desacordo, por isso, talvez seja interessante relembrar aqui um exemplo elucidativo, que poderemos ler no livro *A essência da liderança*, de Arménio Rego e Pina e Cunha (2004), citando a edição de novembro de 1999 da revista *Fortune*:

> *A relevância do desacordo está emblematizada num episódio que costuma atribuir-se a Alfred Sloan, lendário presidente da GM, cargo que exerceu durante um quarto de século. (...) Numa reunião com o seu "Estado Maior", Sloan formulou esta simples pergunta: "Meus senhores, parece que estamos totalmente de acordo sobre esta decisão, não é verdade?" Verificando que todos os presentes acenavam com a*

*cabeça em sinal de aprovação, replicou: "Assim sendo, proponho que se suspenda a análise definitiva deste assunto até a próxima reunião para que tenhamos tempo de descobrir alguma contradição e, quem sabe, poder compreender melhor o que significa esta decisão"*.

Cito agora uma das mais pronunciadas frases das democracias ocidentais: "Da discussão nasce a luz". Com efeito, é pela discussão, pela troca de argumentação, pela análise dos fatos, pela experimentação contínua que evoluímos, quer como seres humanos, quer como organizações, porque as várias perspectivas, mesmo quando percebidas como antagônicas, são facetas integrantes da mesma realidade acerca da qual cada um tem a sua visão. Arriscaria mesmo a dizer que uma moeda não tem apenas duas faces. Paradoxalmente, tem três, sendo que a terceira é, justamente, o "todo" no qual se constitui essa mesma moeda e que frequentemente temos tendência em esquecer. É dessa forma que, em pleno e constante crescimento, mutação, transformação, conseguimos ao mesmo tempo o estado de homeostasia. Isso quer dizer que na ação e consequente transformação se consegue, ou atinge, ainda assim e em aparente paradoxo, o equilíbrio dinâmico que nos permite continuar o processo contínuo de evolução/transformação através da ação.

A *Descoberta Guiada* de Mourinho encontra, aqui, um dos seus principais fundamentos. E, assim, as equipes treinadas por José Mourinho evoluem, transformam-se diariamente de uma forma equilibrada, naturalmente equilibrada.

Outro retorno que aqui se obtém, e que realço com vigor, é o natural *feedback*, um fator tão e cada vez mais necessário às organizações como polo alimentador do seu desenvolvimento. É por meio do *feedback* que resulta da prática no terreno que o sistema vai corrigindo, melhorando, buscando superar-se e superar. E Mourinho tem-no conseguido de uma forma irrepreensível.

Mas ainda não ficamos por aqui. A *Descoberta Guiada* provoca e produz o envolvimento das pessoas, no caso concreto dos jogadores.

E esse é o sonho de todos os líderes. Napoleão definiu o líder como "um negociante de esperança", que é o mesmo que dizer um gestor de expectativas. A única forma de conseguirmos essa negociação é com o envolvimento de todos e de cada um. A *Descoberta Guiada* gera esse envolvimento ao trazer as pessoas para o centro da discussão, ao fazê-las participar do seu próprio futuro, ao descobrir um caminho que se vai percorrer em grupo, enfim, ao serem chamadas a decidir e opinar sobre o seu próprio conforto e a forma mais eficaz de desempenhar a sua tarefa.

Esse envolvimento, tão necessário, diria mesmo vital, por parte dos funcionários nas organizações e nos seus projetos, está bem claro nas palavras de Vítor Baía, quando confrontado com a *Descoberta Guiada* de Mourinho:

> *Os jogadores gostam de se sentir importantes. E quando não lhes dão importância, mais cedo ou mais tarde haverá problemas.* Com Mourinho os jogadores sentiam-se importantes porque, com a Descoberta Guiada, *nós nos envolvíamos no processo, mas era um envolvimento global, desde os chamados craques aos garotos que haviam acabado de chegar dos juniores. Por outro lado, esse envolvimento total facilitava – e de que maneira – a emergência, o desenvolvimento e a consolidação do tal espírito de grupo de que tanto se falava no FC Porto.*

Prova dessa necessidade de o jogador se ver envolvido, de se sentir importante dentro do grupo, são as palavras de Deco, que centrou a sua relação com Mourinho na velha máxima "diferente entre iguais":

> *Acho que conseguiu tirar o melhor de mim em vários aspectos.*
> *Em primeiro lugar, ele construiu uma equipe fantástica, e quando estamos numa equipe que joga bem, que trabalha bem, em suma, de alta qualidade, as coisas fluem muito melhor. Depois, na verdade, ele sabia exatamente como me fazer sentir importante dentro da equipe sem me fazer diferente dos outros e, dessa forma, ele conseguia que eu jogasse sempre ao máximo nível das minhas capacidades.*

É certo que, quando falamos de *Descoberta Guiada*, o objetivo já está imaginado e, portanto, Mourinho tem a ideia global do percurso que quer traçar – por isso é ele o líder. Contudo, o caminho faz-se caminhando, e só depois de terminado é que conseguimos ver as pedras que pisamos. Nos dias de hoje, não há caminhos em preto e branco, e as intermináveis encruzilhadas nos obrigam constantemente a corrigir a rota. É aí que entra a importância fundamental da *Descoberta Guiada*. Mourinho já sabe por onde quer ir, não sabe é se conseguirá ir pelo caminho que previamente traçou. Diria mesmo que muito difícil e esporadicamente o conseguirá. Vou, por isso, transcrever Gustavo Pires, em *Agôn — gestão de esporte* (2007: 140), na sua interpretação da obra *Managing chaos* (1992), de Ralph Stacey:

> (...) *o pensamento dominante leva os gestores a pensarem que têm de conceber o mapa ideal antes de embarcarem na tarefa de construírem o futuro. O senso comum acredita mesmo que é necessário saber para onde se vai e ter alguma ideia de como lá chegar, antes de se arrancar. Só que a maioria dos mapas que hoje estão sendo utilizados já não responde* às *necessidades dos tempos de mudança que estamos vivendo. Esses mapas foram realizados para dar resposta a um mundo que já passou. Segundo Stacey, a ideia de que um mapa pode ser desenhado* a priori *nos tempos de turbulência que correm é uma fantasia sem aplicação de ordem prática. É durante a própria viagem que o caminho e o destino devem ser descobertos. É necessário fazer constantemente novos mapas, se de fato se deseja construir alguma coisa. A chave do sucesso está na criatividade de ser capaz de fazer novos mapas que de fato respondam às necessidades da organização do futuro.*

É esse tipo de envolvimento que Mourinho pretende. Um envolvimento com criatividade, em que o futuro é incerto e muda todos os dias. Daí as palavras de Vítor Baía quando o entrevistei para este livro:

> *Eu já não estou com ele desde 2004, mas tenho certeza de que se fosse agora treinar com ele estaria perante um treinador completamente diferente daquele que era no meu tempo. Em termos de treino ele está sempre mudando, não para. Vou dar um exemplo: imagine-se um treinador que foi campeão em determinado ano utilizando determinados*

*métodos*. *Esse treinador provavelmente pensará que no ano seguinte deverá seguir os mesmos métodos, os mesmos passos que o levaram à conquista do campeonato no ano anterior. É um erro! As coisas não param, evoluem, e quem pensa assim – e infelizmente temos treinadores assim, que deveriam fazer uma reciclagem neste aspecto – está cometendo um erro tremendo, está completamente defasado da realidade.*

*Voltando a José Mourinho, eu tenho certeza de que ele hoje, passados quatro ou cinco anos, não é o mesmo, mas não é o mesmo porque a exigência que ele se obriga obriga-o a evoluir, a ir à procura de novas soluções, novos métodos, novas estratégias etc., no fundo, a adaptar-se à própria evolução das coisas. Portanto, se eu hoje fosse a um treino dele e visse que ele estava igual seria a maior desilusão da minha vida, porque seria sinal que afinal não o conhecia tão bem como pensava. No entanto, tenho a certeza de que não é assim, tenho a certeza de que ele está diferente no sentido em que evoluiu. Aliás, veja-se a passagem dele do FC Porto para o Chelsea. Ele chegou, viu a realidade que não tinha nada a ver com a realidade do FC Porto, adaptou-se e soube tirar proveito de jogadores com uma cultura completamente diferente da nossa. E se formos ver, agora, chegou à Inter e aquilo que faz na Inter já não é a mesma coisa que fazia na Inglaterra, porque, de novo, a realidade da Inter é bem diferente. As estratégias que o Mourinho agora segue não têm nada a ver com as estratégias dele no Chelsea ou no FC Porto.*

A *Descoberta Guiada* possibilita, ainda, um ambiente de confiança. É desnecessário lembrar o valor do conceito confiança quando nos referimos a áreas como a das relações humanas, dentro e, até, fora das organizações, sejam elas de que natureza forem. Sem a confiança dos seus seguidores, nenhum líder o conseguirá ser, quanto mais conseguir retirar de alguém algum tipo de feito extraordinário.

Daí que a *Descoberta Guiada* assuma um papel de extrema relevância no capítulo da confiança, em especial se ela for encarada pelo ponto de vista do próprio líder. Ao confiar, faço com que confiem em mim; e do líder tem de partir o exemplo. Vale a pena transcrever o diálogo que mantive com Jorge Costa sobre o assunto em questão:

— *Como é que você vê hoje os resultados desse processo* [Descoberta Guiada]? *No fundo aquilo é envolvimento no projeto, e quanto maior for o envolvimento maior é a dedicação, logo, melhores serão os resultados...*

— *É a velha questão: se nos mandam fazer, fazemos e pronto! Agora, se nos propõem fazer e nós próprios vamos encontrando obstáculos aqui e ali e, por via disso, vamos descobrindo o caminho, acho que crescemos muito mais facilmente e com maior eficácia. Eu costumo sempre dar o exemplo: qual foi uma das melhores seleções do mundo e que tanto ganhou? A União Soviética, baseada no Dínamo de Kiev, que era uma máquina de jogar futebol. Eles tinham tudo afinado e aquele futebol parecia geometria. Contudo, a partir de determinado momento começou a haver a observação dos jogos e as equipes adversárias começaram a perceber como é que eles jogavam. A partir daí nunca mais ganharam nada! É por isso que eu acho muito interessante nós irmos errando e aprendendo com os nossos erros para assim irmos crescendo. É um tipo de crescimento diferente do que se nos disserem apenas como fazer as coisas. Se formos para um jogo assim, com a matéria dada, mas sem percebermos os seus fundamentos, sem percebermos a lógica do que estamos fazendo, quando um imprevisto nos aparecer não saberemos como reagir e falhamos.*

— *Mas é comum os treinadores agirem assim? Pedir a opinião e suscitar a discussão com os jogadores?*

— *Não é fácil, porque eles pensam que, ao fazerem isso, podem estar perdendo autoridade perante o grupo. Não, não é fácil um treinador debater ideias com os jogadores.*

— *Portanto, o José Mourinho é um profissional que se sente bem e está confortável no seu papel de treinador e, dessa, forma, não tem problemas em pedir a opinião dos que consigo trabalham?*

— *... e gosta de saber a nossa opinião, nunca perdendo de vista as suas ideias, mas gostando de saber as dos outros. Também não podemos perder de vista a ideia de que, hoje, o jogador de futebol já é um profissional de certa forma evoluído e com ideias próprias.*

José Mourinho pergunta, questiona, exige participação, quer opinião, enfim, quer melhorar com a participação de todos. Não se sente intimidado por perguntar e por ouvir os seus jogadores darem opinião sobre a forma de jogar. Por quê? Porque confia neles e assim, além de obter resultados práticos positivos – a melhoria do jogo da equipe –, obtém, igualmente, confiança dos seus jogadores porque é José Mourinho o primeiro a confiar, a criar o ambiente de diálogo e de espaço de opinião, de confiança mútua, já que todos contribuem, direta e efetivamente, para o propósito comum que é melhorar para ganhar. No fundo, estamos na sociedade do conhecimento e o seu representante é o Ser Humano, aquilo a que Peter F. Drucker apelidou de "a pessoa instruída". Não vejo, portanto, qualquer razão para que o mundo do futebol não esteja, igualmente, e a par de todos os outros mundos – econômico, político, social etc. –, profundamente associado às novas realidades desta "sociedade do conhecimento".

De resto, esta noção liga-se intimamente a uma outra: ficamos, então, entendendo, pelo que foi anteriormente dito, que Mourinho só quer para as suas equipes jogadores inteligentes e culturalmente evoluídos. Chamou-me a atenção, na autobiografia de Didier Drogba, a seguinte frase: "Mourinho não é um treinador que treine jogadores, ele contrata pessoas que estejam preparadas para aderir à sua filosofia. E o mais importante é que não são, necessariamente, os melhores jogadores do mundo" (Drogba, 2008: 152).

Na Inglaterra, no centro de estágio do Chelsea, dois anos depois, perguntei a Didier o que queria dizer com essa afirmação.

*Bom, ele não me ensinou a jogar futebol. Eu sei jogar futebol. Ele me ensinou a jogar em equipe, o que é algo diferente. E é por isso que onde quer que ele se encontre ele atinge o sucesso. Porque ele não é, por exemplo, como Arsène Wenger, que quer que um jogador cresça com ele. Mourinho quer jogadores já com maturidade, ou perto disso, para não ter de perder tempo com grandes questões técnicas. É por isso que ele só gosta de jogadores inteligentes, com condições para facilmente apreenderem a cultura tática que ele quer implementar. É que nós, quando estamos no jogo, não temos tempo para pensar, e a decisão tem de ser tomada num milésimo de segundo, de forma quase instantânea. Por isso eu digo que o jogador tem de estar apto a absorver a sua filosofia de jogo e foi isso que aprendi com ele.*

*– É por isso que ele até pode conseguir fazer a melhor equipe do mundo sem que, como o Didier diz, ele tenha os melhores jogadores do mundo...*

*– Repare: quando Mourinho chegou ao Chelsea, quem eram John Terry, Frank Lampard, Arjen Robben, Damien Duff, eu próprio? Nós não éramos os melhores jogadores, nem sequer jogadores de nome mundial. Nós não éramos, mas com ele nos tornamos, atingimos o grupo dos melhores. Todos nós tínhamos potencial para chegar ao topo, mas não estávamos lá. E, com ele, em pouco tempo melhoramos muito as nossas capacidades e hoje somos considerados parte do grupo dos melhores. Isto aconteceu porque ele conseguiu fazer emergir em nós todo esse potencial.*

Em Mourinho, o jogador joga tanto ou mais com a cabeça do que com os pés. O jogador tem de entender os fundamentos, os princípios do jogo, tem de participar, opinar, discutir. Logo, o seu futebol começa na sua cabeça, na forma como entende o jogo, como o aprende e como vai evoluindo. A melhor ferramenta para essa evolução constitui-se, inequivocamente, na *Descoberta Guiada*. Na entrevista que me deu, Vítor Baía foi elucidativo em determinada altura da nossa conversa: "Ele provocava diálogos e discussões para saber, ou tentar conseguir saber, o que nos ia na mente e depois decidir de acordo com todos".

Tal como disse Fritjof Capra – que citei anteriormente, embora em outro contexto –, em *The hidden connections: a science for sustainable living* (2002: p.122), cabe ao líder possibilitar o processo de emergência – "criação de novidade" – para, ao fazê-lo, promover a criatividade: "Isto significa criar condições – em vez de dar ordens – e utilizar o poder da autoridade para conferir poder aos outros". Ora, a criação das condições que possibilitam a emergência implicam construir, ainda segundo Capra, "uma rede ativa de comunicação com múltiplos circuitos de *feedback*", de modo a desenvolver uma cultura "aberta a novas ideias e a novos conhecimentos" na qual "o questionamento contínuo seja encorajado e a inovação recompensada".

É também nisso que consiste o resultado da *Descoberta Guiada*: pelo encorajamento do processo de discussão (tentativa e erro) resulta a emergência natural de novas soluções, novos processos e até novos métodos nos grupos de Mourinho.

Por fim, o enquadramento teórico da *Descoberta Guiada* conceituado naquilo que muitos teóricos consideram as quatro atividades da gestão do conhecimento de uma qualquer organização:

- *Captura de Informação* (individual e coletiva), que consiste no fato de uma organização/direção estar preparada (em termos de conhecimento) sempre que um integrante da sua equipe se ausentar ou se transferir para uma outra empresa;
- *Geração de Ideias*, já que todos os funcionários devem ser encorajados a apresentar novas ideias por meio da análise que fazem da sua organização;
- *Armazenamento da Informação*, ou seja, a informação recolhida estar organizada de modo a que todos possam usufruir dela sempre que necessitem;
- *Distribuição da Informação*, uma vez que a informação é historicamente considerada fonte de poder, a organização, mais do que providenciar, deve assegurar-se de que ela chega a todos.

Nos itens acima não nos é difícil entender como a *Descoberta Guiada* se encaixa nas modernas teorias da gestão e da gestão de informação. No fundo, é a informação a circular que flui naturalmente por entre os seus integrantes, de modo a gerar conhecimento, talvez o capital mais seguro e efetivo das organizações de hoje. Gostaria, porém, de terminar esta matéria com uma história que, presumo, poderá nos fazer pensar sobre a forma como poderemos atingir os nossos objetivos. Na maior parte das vezes temos tendência para complicar as coisas. No fundo, a fórmula de Mourinho é das mais simples que conheço: pergunta e pede ajuda a quem está dentro de um campo de futebol sobre a forma como melhor e mais eficazmente se poderá jogar futebol.

Vamos, então, a propósito de simplicidade, ao exemplo final: o famoso conquistador Casanova estava em seu leito de morte quando alguém bateu à porta de sua casa pedindo insistentemente para falar com ele. O médico de Casanova respondeu-lhe que tal não seria possível dada a gravidade do estado de saúde do seu paciente. Apenas familiares mais chegados poderiam fazê-lo. Ao ouvir toda a algazarra lá fora, Casanova inteirou-se do assunto e deu ordens para que deixassem entrar tão insistente personagem. Decerto, algo importante teria para lhe dizer. Quando finalmente entrou, o jovem disse: "Ó Senhor Casanova, o Senhor fez amor com mais de mil e duzentas das mais belas mulheres italianas...". Ao que Casanova interrompeu: "Mil e quinhentas". "Está bem, está bem. Mil e quinhentas das mulheres mais belas do nosso país. Mas como conseguiu fazê-lo? Tem de me contar o seu segredo". Casanova fez-lhe um sinal para se aproximar, piscou-lhe o olho em tom de conspiração e segredou-lhe ao ouvido: "Pedi-lhes".

## A motivação

> *Il [Mourinho] nous a donné soif. La soif de la victoire. Il était impensable de remporter ces trophées avant son arrivée. Quelles victoires! Quelles experiences! Quelle succession de rencontres avec une équipe qui en voulait! Nous avons gravi jour après jour les marches nous menant vers la grand victoire du championnat. Nous voilà habités par une volonté indescriptible de tout rafler. (...) Il m'a enseigné la rage de vaincre.*\* (Gallas[13], Kelly, 2008: 95-8)

---

[13] William Gallas, internacional francês, era jogador do Chelsea quando Mourinho chegou ao clube inglês.

\* "Ele [Mourinho] nos deixou com água na boca. A sede da vitória. Era impensável ter esses troféus antes de sua chegada. Que vitórias! Quanta experiência! Uma sucessão de encontros com uma equipe que queria vencer! Subimos, dia após dias, os degraus que nos levaram à grande vitória do campeonato. Agora temos uma vontade indescritível de ganhar todas. (...) Ele me ensinou a gana de vencer".

Como treinador do FC Porto, em vésperas de um importante jogo do Porto contra o Benfica, José Mourinho deparou-se com uma entrevista do então presidente do Benfica, Manuel Vilarinho, na qual afirmava ter sonhado que a sua equipe iria ganhar por 3 x 0 no Estádio das Antas.

*Quando Vilarinho tornou público o seu sonho de imediato pensei: "Aí está a provocação que eu preciso para agitar o orgulho dos meus jogadores". De imediato mandei fazer uma fotocópia da entrevista do presidente do Benfica e coloquei-a na parede do vestiário das Antas durante toda a semana, para que ninguém se esquecesse do sonho de Vilarinho. Aos jornais disse apenas que na nossa casa ninguém ganha de nós por 3 x 0. E fomos para o jogo de alguma forma espicaçados."* (Lourenço, 2004: 105)

A verdade é que o jogo terminou com uma vitória do FC Porto por 3 x 2.

Antes de iniciar a definição de Mourinho como líder, com algum enquadramento nas teorias da liderança, um último olhar, puramente pragmático, sobre um dos seus traços de personalidade que considero mais marcantes: a sua capacidade motivadora.

A palavra motivação tem estreita relação com outras duas palavras que espelham bem o conceito subjacente, uma vez interligadas: *motivo* e *ação*. A Wikipedia, a enciclopédia livre da internet, define-a como "uma força interior que se modifica a cada momento durante toda a vida, onde direciona e intensifica os objetivos de um indivíduo". Na vida real trata-se de procurarmos algo e fazer, agir, para caminhar em direção ao alcance desse objetivo, desse algo que procuramos. O motivo para fazermos algo pode, assim, ser interno ou externo. Como escreve Robin Sieger, em *Vencedores natos* (2005: 215-16):

*Identifique o que o motiva. A sua motivação interna será a sua motivação para mudar. A motivação interna pode ser muito poderosa, se for* um empenho sentido profundamente, como resultado do seu propósito e paixão.

Um grupo de pessoas decide deixar de beber bebidas alcoólicas durante o mês de janeiro: aqueles que o fazem com sucesso uma vez podem fazê-lo todos os anos, porque estão interiormente comprometidos a fazê-lo. A motivação externa é igualmente poderosa: poucas coisas têm mais probabilidade de fazê-lo parar de beber do que ouvir o médico dizer que o seu fígado irá sofrer se não o fizer.

Feita essa pequena introdução vejamos, desde já, nas palavras do próprio Mourinho, de onde lhe vem, em termos estruturais, essa capacidade motivadora. No fundo, em termos estruturais, repito, qual é para ele o motor ou a fonte, se quisermos, de toda a sua motivação:

*Eu acho que a melhor maneira de motivar – pelo menos a que eu encontro de uma forma mais consistente, que deixe menos dúvidas, de mais fácil entendimento e de uma maior durabilidade – é motivar os outros com as minhas próprias motivações. Comecei assim e vou acabar assim, acho que as minhas próprias motivações são o melhor motor das motivações dos outros que eu lidero. Ou seja, eu quero ganhar, eu quero vencer, eu quero ser o melhor, eu quero ganhar os prêmios coletivos, mas também os individuais, eu quero somar títulos atrás de títulos, eu quero conseguir o melhor contrato, eu quero ganhar mais dinheiro, eu quero preparar melhor o futuro da minha família, eu quero ser historicamente reconhecido como o melhor ou um dos melhores, eu quero deixar uma marca por onde passo, eu quero que os torcedores dos clubes por onde passei se recordem de mim como alguém importante, estas são algumas das minhas – muitas – motivações e que de uma forma natural eu passo, cada dia e cada hora, na maneira como falo, como ajo, como me comporto, como gesticulo, até na maneira como pressiono para todos aqueles que comigo trabalham. Portanto, a minha motivação é aquilo que eu considero ser o motor da motivação dos outros, até porque a minha motivação tem diretamente* que ver com os outros e com as suas motivações. Por exemplo, quero que o departamento médico tenha também a ambição de ser melhor todos os dias, de bater recordes e neste caso concreto não me esqueço nunca do caso da recuperação do Derlei, no FC Porto. Ele foi operado em dezembro e toda a gente por lá dizia que ele não voltaria a jogar naquela época. Depois, eu disse – longe de pensar que lá chegaria, mas disse – que queria que ele jogasse na final da Liga dos Campeões, e mais tarde, quando as coisas começaram a se precipitar em direção à final, foi o próprio Derlei que disse que não era na final que iria jogar mas sim na semifinal. Criou-se, desta forma, uma onda de motivação com vista a um objetivo, em que todos no clube se empenharam naquilo de uma forma absolutamente incrível e, de fato, ele acabou por jogar num dos jogos da semifinal – e foi com o gol dele na Corunha que nos classificamos para a final – e na final. E isto aconteceu porque, quanto a mim, houve uma motivação generalizada de todos: minha, do Derlei, do departamento médico, fisioterapeuta etc., do preparador físico, até na sua própria casa, com a mulher envolvendo-se e constituindo-se, igualmente, numa importante motivação para ele, enfim, fomos muitos em torno de uma motivação, de um objetivo. Portanto, eu acho que, no fundo, a motivação do líder é aquilo que perdura. No meu caso, esta motivação intrínseca é como respirar. Faz parte de nós e no dia em que deixar de respirar é porque morri. Ora, na minha profissão é isso que me acontecerá. No dia em que não tiver motivação é porque estou morto profissionalmente. Em outras palavras, no dia em que me faltar a motivação é hora de acabar e de deixar o futebol.

Ora, quando coloquei, justamente, a questão da motivação em Mourinho a Vítor Baía, a resposta foi esclarecedora, até parecia combinada. Sorri, ouvi Baía e transcrevo agora, *ipsis verbis*, com todas as redundâncias em que a oralidade às vezes derrapa, propositadamente, para que se perceba bem o valor e o impacto da mensagem quando ela é genuína, tal como é a questão da motivação em José Mourinho: "Tem a ver com ele, é intrínseco... é dele, é da pessoa e nós sentimos isso, era uma questão de sentirmos todos nós. Tem a ver com ele, como coloca em prática o conjunto das suas convicções!". Por isso Baía considera que, em termos de motivação, de capacidade para conseguir transmitir uma enorme vontade de ganhar e de intensidade dessa ambição, Mourinho é único: "Sentíamos isso completamente, sentimos isso logo no ano seguinte à sua saída do FC Porto... Tínhamos ganho a Taça UEFA e sido campeões europeus, e depois disso sentimos claramente o balão esvaziando. As pessoas eram diferentes, a mensagem era diferente...".

Numa outra linha de raciocínio, Jorge Costa acaba por, de alguma forma, concluir pela genuinidade da automotivação de Mourinho. Ele acredita profundamente no que diz e por isso acaba sempre por influenciar/motivar os seus seguidores:

*A motivação em Mourinho tem a ver, fundamentalmente, com o discurso que profere para o exterior. É evidente que um treinador, seja ele qual for, diz sempre aos seus jogadores que eles são os melhores, que todos os jogos são para ganhar etc. etc. Não me parece, se quiser esta ideia dita de outra forma, que haja um único treinador que vá jogar em Dragão, em Luz, em Alvalade ou em Manchester e diga aos jogadores que quer ir lá perder por poucos gols. O que me parece é que existem poucos que digam e assumam que vão lá para ganhar da forma como Mourinho o faz. Ele é sempre taxativo e nunca deixa dúvidas a ninguém: "Eu vou ganhar, a minha equipe é a melhor, os meus jogadores são os melhores...". Ora, para se afirmar isto, publicamente, da forma como ele o faz, é preciso ser muito corajoso, ter muita confiança e, se quisermos, ter até uma certa "pancada". Só que tudo isto tem um efeito altamente positivo nos jogadores. Todos os compromissos públicos que ele assume – e recordo aqui situações como a frase "para o ano em que vamos ser campeões" quando chegou ao FC Porto, ou a sua reação perante torcedores, jogadores e adversários na derrota, em casa, com o Panathinaikos quando disse "vamos ganhar lá" – e recorde-se também que a equipe grega não perdia em casa para a Taça UEFA havia dois anos e meio – resultam em pleno na motivação dos jogadores.*

*Quando um treinador diz que não importa o adversário ou o estádio porque é para ganhar, ele está fazendo um discurso muito diferente daquele que diz que acredita, que sim, que espera ganhar, mas... talvez...*

*Nota-se a diferença dos discursos. Neste último caso, o treinador não se compromete e, ao fazê-lo, também não está comprometendo os seus jogadores. No primeiro, o caso de José Mourinho, o treinador está se comprometendo, está dando a cara, está dizendo que os seus são os melhores e, aí sim, os jogadores ficam automaticamente comprometidos com o seu líder, que está arriscando o pescoço por eles. Isto sim é um fator de motivação muito importante porque, com este discurso, os jogadores começam a acreditar e a não ter dúvidas de que são os melhores e que vão ganhar seja em que lugar for.*

Ou seja, Mourinho, através da sua intencionalidade, cocria a sua própria realidade, que se consubstancia, por sua vez, na vitória.

E depois de ouvir Vítor Baía não resisto ainda em citar de novo Sieger como complemento do que foi afirmado:

*O nosso plano faz parte do processo do nosso futuro sucesso. Igualmente importante é ter autoconfiança e agir com coerência, bem como a firme convicção de que vamos vencer. Isto significa que o plano não é apenas algo que dizemos ou escrevemos: é algo que vivemos, 24 horas por dia.* (Sieger, 2005: 115)

Temos, portanto, a descrição daquilo que Mourinho considera ser a sua forma estrutural de motivar os seus jogadores. Não é nada pensado, tudo é genuíno. Porque o que é decisivo no homem é o sentimento, a emoção, não o pensamento – é a partir do coração que a realidade acontece, e não a partir da razão. Daí que este tema seja difícil de explicar para Didier Drogba.

*É difícil explicar. Há coisas, situações, que temos de vivê-las para compreendê-las na sua plenitude. Temos de "estar dentro" para perceber.*

*Foi um espírito de conquista que ele incutiu em nós, o temos de ganhar, só a vitória interessa porque – mesmo que não fôssemos – ele nos convenceu de que éramos os melhores e, como tal, só a vitória interessava e, assim, a nossa confiança a cada dia que passava crescia e era sempre mais forte, mais robusta, mais consistente. Mas é, como lhe disse, muito difícil de explicar, só mesmo vivendo e sentindo o momento, vivendo e sentido a questão central da sua filosofia de jogo que passa por um certo* team spirit. *Quando trabalhamos em equipe já temos de ter, de alguma forma, espírito de equipe, mas, com Mourinho, esta tem de ser uma ideia central.*

Mourinho é assim mesmo, um homem naturalmente motivado, de tal forma e com tal consistência que faz com que essa motivação, pelo seu discurso, pela sua forma de estar e de ser, pela sua expressão corporal, passe para os seus jogadores. Daí que a motivação seja um dos traços mais consistentes da sua liderança. Liderar é influenciar, e quando a influência é tão natural e decisiva no capítulo da motivação, como ela o é em José Mourinho, os resultados só poderão ser superiores.

É dessa forma que Deco nos ilustra a maneira como a motivação em Mourinho conseguiu resultados excepcionais ao nível psicológico. Mourinho conseguiu "libertar" os jogadores do FC Porto, quebrando barreiras psicológicas e mostrando-lhes que o limite só se encontraria na própria vitória.

*Na verdade, Mourinho veio quebrar uma barreira que existia. O Porto já ganhara uma Taça dos Campeões Europeus, mas tinha sido havia algum tempo. Quando Mourinho chegou lá, o FC Porto ainda não tinha dado o salto em termos europeus. Chegava-se frequentemente às quartas de final, mas a partir daí algo bloqueava nos jogadores e inconscientemente pensava-se que seria quase impossível ir mais além e competir com equipes com história e capacidade financeira muito superior. Mourinho, de certa forma, quebrou isso, daí que a vitória na Taça UEFA tenha sido muito importante para nós porque nos deu uma confiança incrível...*

– Há jogadores que diziam que se consideravam invencíveis. Era isso?
– Eu não diria invencíveis. Era mais uma confiança tal que, respeitando os adversários, tínhamos a noção de que poderíamos discutir o

*jogo e ganhar de qualquer um. Eu costumo dizer – e por isso fui para Barcelona – que um jogador se sente grande pelo lugar onde está, pela equipe onde joga. Se estou no Barcelona, ou no Real Madrid etc., sinto que posso naturalmente ganhar de qualquer um. Era isso que faltava no FC Porto até a chegada de Mourinho. Havia sempre aquele último passo que parecia meio intransponível. Mourinho acabou com essa barreira psicológica, e por isso, naquela altura, nós íamos jogar contra qualquer equipe europeia, e para nós era igual porque, além de já sermos uma equipe forte, éramos, igualmente, uma equipe com muita personalidade e com muita confiança em si própria.*

Contudo, a sua forma de motivar não fica apenas nisso. Além da motivação estrutural, existe ainda, de forma bem vincada e até surpreendente, a motivação circunstancial em José Mourinho, ou seja, aquela motivação que serve para o caso concreto. Também aqui, quanto a mim, Mourinho é brilhante na forma como atinge, molda, influencia, enfim, motiva os seus jogadores em função do momento, da situação, do obstáculo. E como verão a seguir, sempre de uma forma inclusa, sem nada separar ou descontextualizar, em mais um exemplo da operacionalização do paradigma da complexidade.

Leiamos, então, as palavras de Mourinho, citado em *Mourinho – por quê tantas vitórias?* (Oliveira *et al.*, 2006: 179-180):

> *Em teoria os jogadores estão sempre naturalmente concentrados nos jogos de maior dimensão. Acho que antes de enfrentarmos um Real Madrid ou um Manchester, nem sequer é necessário qualquer tipo de trabalho em nível motivacional. Nesses jogos os jogadores estão naturalmente motivados para dar o máximo. Falo de partidas teoricamente mais difíceis e que têm associado um determinado tipo de tensão e/ou de pressão, sendo fundamental que os jogadores consigam transformar essa tensão e essa pressão, no fundo as suas próprias emoções, em motivação e concentração. Isto, quando se trata de jogar contra um adversário difícil, num grande palco, é naturalmente conseguido. O problema acontece quando aparecem os jogos*

*teoricamente mais fáceis, ou até mesmo depois da equipe ganhar vários jogos seguidos.*

*Nessa altura, a motivação torna-se, muitas vezes, problemática. Imagine-se o Chelsea ir enfrentar, para a Taça de Inglaterra, um adversário da terceira divisão. É nesses jogos que os jogadores tendem a estar menos concentrados, mais relaxados, de resto, tal como acontece nos treinos diante de exercícios de mais fácil execução. As aparentes facilidades, em jogo ou em treino, podem levar ao descompromisso, ao facilitismo, e é geralmente nesses casos que acontecem as surpresas.*

*Ora, uma das coisas que eu faço para evitar essa tendência é, na semana que antecede o jogo, portanto, quando estamos preparando-o, criar situações de treino com elevado grau de dificuldade, ou até mesmo de execução impossível para, desta forma, originar insucesso, falta de eficácia. Assim, posso pressionar os jogadores e deixá-los menos confiantes. Ao conseguir isto, num treino, com uma bola, estou obrigando-os a uma posterior maior concentração, a aplicarem-se mais, a trabalhar mais, logo, a motivarem-se mais para não falhar. Se começarem a duvidar de si mesmos, eles se aplicam mais, logo, conseguem melhores resultados, de uma forma natural.*

E poderemos, ainda, recuar no tempo de Mourinho na União de Leiria. Este exemplo, que darei a seguir, ilustra bem a imaginação que, por vezes, cada um de nós terá de ter para conseguir obter a motivação dos que nos seguem. De resto, quando me desloco a Angola, onde tenho de uma forma continuada, dada a formação de inúmeros "quadros" angolanos, colocam-me muitas vezes o problema quando falo na motivação: "Para o Mourinho é fácil motivar. Os clubes por onde tem passado são clubes ricos, logo, com incentivos financeiros é sempre fácil motivar as pessoas. O nosso problema aqui é que não temos esses milhões...". Só que Mourinho nem sempre treinou clubes ricos, e a União de Leira é prova disso.

Recuemos, pois, à temporada de 2001/02, que trouxe a José Mourinho uma realidade nova. Pela primeira vez na sua carreira escolheu e preparou, desde a base, uma equipe. Foi ela, justamente, a União de

Leiria. Desconhecendo quase por completo a maioria dos seus jogadores, tentou, logo na fase inicial, criar empatia com o seu grupo e ao mesmo tempo motivá-lo. Para atingir os seus fins comprometeu-se, deixando claro que a sua motivação era elevada:

> *Não tenho dúvida de que mais cedo ou mais tarde vou para um "grande". Quando eu for, alguns de vocês vão comigo." Ficou a promessa e também a esperança que atingiu a todos. "Nunca especifiquei quem ia comigo porque dependeria sempre do clube para onde eu fosse. Sabia, por exemplo, que o Benfica precisava de um lateral esquerdo e, portanto, o Nuno Valente estava certo de que iria comigo. O Benfica precisava igualmente de um meia-armador, e o Maciel também sabia que se eu fosse para a Luz ele iria comigo, enfim, eles sabiam que mais tarde iriam comigo. Esta situação constituiu um fator de motivação para os jogadores e, ao mesmo tempo, criou uma certa cumplicidade entre nós. Do tipo 'vocês ajudam-me a chegar lá que eu depois levarei alguns de vocês'. Foi desta forma que eu me comprometi perante o grupo. Assim mesmo…"* (Mourinho *in* Lourenço, 2004: 86-7).

Alguns meses depois, Mourinho saiu da União de Leiria para ir treinar um "grande", no caso o FC Porto. No final da temporada contratou três jogadores do seu clube anterior: Nuno Valente, Tiago e Derlei. Mais tarde, foi a vez de Maciel seguir os passos dos seus companheiros.

E ainda no capítulo da imaginação, muitas vezes Mourinho é provocantemente motivador. O sonho de Vilarinho, já anteriormente citado, foi um episódio que ficou para a história.

## Mourinho enquadrado nas teorias da liderança

> *Um líder eficaz quer parceiros fortes; ele os encoraja, os pressiona, aliás, orgulha-se deles.* (Drucker, 2008: 293)

Podemos, hoje, constatar que a investigação atual tende a recuperar as visões mais antigas da liderança, enquadrando-as nas novas realidades. A Teoria do Grande Homem, ou Teoria dos Traços de Personalidade, da segunda metade dos anos 40 do século passado, é, assim, de alguma maneira, recuperada na perspectiva dos traços característicos de personalidade, mas com um novo pano de fundo. De fato, falamos no culto da personalidade de que qualquer líder pode ser alvo. No caso de José Mourinho este aspecto liga-se também à forma como empresas, como a Samsung ou a American Express, entre outras, usam a sua imagem para promover os seus produtos. O anúncio da Samsung, já anteriormente citado, é elucidativo. Mourinho é um autêntico James Bond, um super-homem, um *grande homem*. Tal como o agente *007*, Mourinho faz sonhar o comum dos mortais, porque todos nós gostaríamos de ser um pouco James Bond ou um pouco Mourinho. Esse foi, possivelmente, o raciocínio do departamento de marketing da Samsung.

E o que têm em comum José Mourinho, James Bond, os grandes homens, para nos fazer sonhar? De alguma forma preveem o futuro, são corajosos, determinados, arrojados, são competentes naquilo que fazem, enfrentam os perigos e têm boa figura, entre outras qualidades.

Seria impossível traçar aqui todos os elementos da personalidade de José Mourinho que concorrem para a sua imagem. Vamos nos deter em alguns deles que surgem com mais evidência no anúncio da Samsung, para posteriormente os enquadrarmos na Teoria dos Traços de Personalidade.

Quais os traços da sua personalidade mais marcantes, segundo o anúncio que vamos explorar? Mourinho é corajoso – basta lembrarmo-nos da forma como se impôs na profissão, enfrentando e rompendo com cânones estabelecidos, fato que muitas guerras, inimizades e ódios lhe custaram; Mourinho é também determinado, e exemplo disso mesmo é a forma como nunca se desviou do caminho por ele traçado ao longo destes anos de profissão; Mourinho é arrojado, já que arrisca e por isso se expõe como poucos – imagine-se o incômodo que seria se ele tivesse falhado na previsão que fez sobre a constituição da equipe do Barcelona... Mourinho é competente, e os resultados que obteve provam isso muito bem.

Esses atributos projetam uma imagem global de Mourinho para o exterior. No interior da organização onde trabalha, reconhecem nele ainda outros atributos, tais como a ambição (o querer ganhar sempre), a honestidade e a integridade (olhos nos olhos, o que diz faz e o que faz diz) e a inteligência (está sempre um passo à frente dos outros). Ficou aqui um leque bastante restrito de traços de personalidade – um desenho, se quiserem –, do caráter de Mourinho. Todos eles, integrados no todo mais amplo que constitui o ser humano que ele é, contribuem, cada um na sua justa medida, para a caracterização da liderança de Mourinho.

De resto, na história do estudo do tema "liderança", foi exatamente por aqui que tudo começou: pela procura incessante de traços de personalidade necessários para determinar a essência da liderança.

Foi assim que se iniciou o estudo sistemático do tema, logo a seguir do final da Segunda Guerra Mundial. Sem que haja grandes certezas, pensa-se que os estudos se iniciaram nesse momento devido à emergência, na guerra, de grandes lideranças, quer militares, quer civis. Contudo, repito, pensa-se que poderemos encontrar aqui as causas, sem que, embora, haja qualquer certeza. De uma forma ou de outra, fiquemos, contudo, com uma ideia: os estudos são, em termos acadêmicos, muito recentes, pelo que, além de ainda não terem sido encontradas respostas às inúmeras perguntas que já se colocaram, tudo continua em aberto e todas as dúvidas são admissíveis, ao mesmo tempo em que as certezas são ainda muito poucas.

Quase concomitantemente ao estudo da Teoria dos Traços de Personalidade, os estudos evoluíram, muito por responsabilidade de duas universidades nos Estados Unidos (Ohio e Michigan), para o comportamento como fundamento da boa liderança. Ou seja, já não importava agora quem era o líder, o que ele pensava ou defendia, mas sim – e na sua exclusividade – os seus comportamentos. Para aquelas escolas, a essência da liderança era de responsabilidade comportamental, pelo que haveria de se conceituar um quadro de comportamentos que determinassem a liderança eficaz em qualquer situação. Estes estudos continuaram até, sensivelmente, a década de 60, época em que surgem as Teorias Contingenciais.

Aqui, optou-se pelo caminho da contextualização do líder no seu ambiente, ou seja, estudou-se o tema da liderança efetiva inserido na complexa teia relacional que se estabelece entre os traços de personalidade, os comportamentos e – e aqui reside o passo seguinte – os fatores situacionais. Partiu-se assim para a abordagem do problema em contextos reais, justamente para se tentar identificar as diversas condições situacionais.

A outra novidade deste estudo advém do fato de, aqui, já se aceitar que o líder mude o seu estilo de liderança, de acordo com a situação, ou, se preferirmos, o ambiente, ou seja:

> *A relação entre estilo de liderança e eficácia sugere que, sob a condição a, o estilo x pode ser adequado, enquanto o estilo y é mais indicado para a situação b, e o estilo z mais apropriado para a situação c. Mas o que seriam essas situações a, b e c?* (Robbins, 2002: 309)

Foi na procura desse entendimento que nasceram as Teorias Contingenciais.

Mas, de uma forma ou de outra, desta ou daquela maneira, mais aqui que acolá, todos esses estudos falharam e acabaram por ser abandonados, basicamente por um motivo comum: nunca se conseguiu encontrar um quadro conceitual que determinasse, de forma precisa e sem dúvidas, a eficácia da liderança. Por outro lado, chegou-se também à conclusão de que, em qualquer dos casos, se existisse esse quadro conceitual em teoria, ele seria tão extenso e complexo (por exemplo, no que concerne aos traços de personalidade do ser humano, um estudo conseguiu identificar nada mais nada menos que 17 mil[14]) que jamais viria a provar o que quer que fosse. Por fim, o *the last but not the least*,* percebeu-se, também, que os mesmos traços de personalidade, os mesmos comportamentos ou até idênticas situações funcionavam em determinados momentos e espaços, mas

---

[14] Estudo de Allport e Odbert citados em Soto (2001: 51).

* Por fim, o último, mas não menos importante.

não em outros. E assim faliram, por último, os estudos das Teorias Contingenciais para darem lugar, a partir da década de 80, às Teorias Neocarismáticas, justamente o ponto em que hoje nos encontramos e onde vou enquadrar a liderança de José Mourinho.

## Teorias Neocarismáticas

A partir dos anos 1980, como se disse, a investigação voltou, de alguma forma, a centrar-se na pessoa do líder e nos seus traços. Foi como que o revisitar da Teoria dos Traços de Personalidade tentando aprofundá-la à luz de novos conceitos. Essas teorias dividem-se em dois grandes blocos, segundo a maioria dos estudiosos da matéria: a Teoria Carismática e a Teoria Transformacional.

Devo salientar, contudo, que durante muito tempo defendi que Mourinho se enquadrava nas duas e, portanto, poderia e deveria ser simultaneamente visto como líder carismático e líder transformacional. Como veremos neste livro, julgo, hoje, que não é bem assim, ou pelo menos no essencial não é mesmo assim. Na sua globalidade, estruturalmente, as teorias neocarismáticas enfatizam os comportamentos simbólicos e emocionalmente apelativos do líder. Tentam explicar como os líderes conseguem levar os seus liderados a elevados desempenhos, tendendo a estabeleçer distâncias entre líder e liderados.

A primeira teoria que, nesse campo concreto, nos aparece, é a Teoria da Atribuição de Liderança, de autoria de J. C. McElroy, em 1982. Essa corrente de pensamento vem nos dizer que a liderança é um conceito atribuído e não conquistado. Assim, McElroy (1982) defende que a liderança é atribuída pelo reconhecimento e pela atribuição de capacidades extraordinárias a alguém por parte dos liderados. Vemos aqui, de alguma forma, a Teoria dos Traços de Personalidade sendo atribuídas e reconhecidas ao líder, por parte dos liderados, características como a inteligência, a personalidade ousada e vincada, a aptidão verbal forte, a agressividade, a compreensão, o espírito e a capacidade de iniciativa, entre muitos outros traços.

## Liderança carismática

A partir do desenvolvimento da visão apresentada por McElroy, chegamos à liderança carismática. É comum, hoje em dia, quase obrigatório, diria, atribuir-se aos líderes, sejam eles de que natureza forem, o rótulo de "carismático" e "não carismático", como se a liderança e as características do líder se limitassem a isso.

Ao olharem para o líder, com os traços distintivos de personalidade que nele veem, os seguidores tendem a atribuir a ele capacidades extraordinárias ou heróicas de liderança. Surge, então, como que uma aura ao redor do líder, tendendo os seguidores a considerá-lo alguém superior, capaz de feitos incríveis e de vir a realizar os sonhos dos integrantes da equipe.

Etimologicamente, *charisma* é uma palavra grega que significa "dom da inspiração divina". Na sua acepção corrente, o conceito pode traduzir-se por uma capacidade invulgar de inspirar fascínio e lealdade, pelo que, acredita-se cegamente, segue-se e espera-se que o líder guie os seguidores pelo caminho que leva à realização do sonho de todos e de cada um. Por outro lado, os chamados líderes carismáticos são, com frequência, descritos como autoconfiantes, alicerçados em firmes convicções, plenos de energia, possuidores de um entusiasmo confiante e, chamando uma particular atenção para este fato, são pessoas com uma enorme "capacidade de manipular símbolos de poder e de sucesso para exercer uma atração emocional sobre os seguidores" (Nye Jr., 2008: 82). Nesse campo, assume, assim, particular destaque a empatia entre seguidores e líder, sem a qual não existe a chamada liderança carismática.

E a verdade é que muitos têm sido os líderes considerados carismáticos, para o bem e para o mal, mas sempre gerando enormes ondas de empatia. São nomes que vão desde Mahatma Gandhi ou Martin Luther King a Adolf Hitler ou Osama Bin Laden. Por quê? Porque o carisma não é apenas um atributo pessoal, uma marca individual, um traço de caráter; não, o carisma é isso, em parte, mas decorre, numa outra grande parte, da relação entre líder e seguidores, logo, também os traços de personalidade, a história, a cultura dos seguidores, o próprio momento e mais alguns outros fatores contribuem para a atribuição de carisma a alguém. Daí que só com empatia entre líder e liderados poderemos falar de carisma.

Como defendem Kellett *et al.* (2006), a empatia não só favorece o reconhecimento da liderança como também concorre como o principal fator de mediação entre as emoções dos seguidores e as do próprio líder.

Essa relação empática de Mourinho com o seu grupo é percebida pelas palavras do próprio Mourinho no seu texto sobre a final da Liga dos Campeões, em Gelsenkirchen. O jogo já havia terminado, a festa no campo também, e Mourinho esperava pelos jogadores. Ele escreveu: "[P]ela primeira vez esperei por eles na porta do vestiário e beijei-os a todos. 26 de maio de 2004, Gelsenkirchen: somos imortais" (Mourinho *in* Lourenço, 2004: 224).

Um outro exemplo surge na sua visita a Israel, quando, numa palestra diante de cerca de 250 treinadores de futebol israelitas e palestinos, Mourinho mostrou uma fotografia sua abraçado ao jogador do Chelsea Frank Lampard e afirmou: "Parece um abraço, mas é mais do que um abraço... é um abraço que mostra que confiamos um no outro. Sem uma palavra, ele está me dizendo: "Obrigado". É um abraço que repetimos, jogador após jogador, porque somos uma família" (Mourinho *in* Barclay, 2006: 52)

À luz dos que defendem que existe uma liderança carismática, como enquadramos, então, Mourinho nesse tipo de liderança? Já vimos que o carisma é algo atribuído por determinados fatores. Logo, coloca-se a questão: o carisma tem origem no indivíduo, nos seguidores, na situação ou em todos?

Vejamos Klein e House (1995) e a sua fórmula metafórica que nos explica o surgimento de uma qualquer liderança carismática. Segundo estes autores, existem três elementos que concorrem para o seu aparecimento. São eles a faísca (o líder a quem são atribuídos características e comportamentos carismáticos), a matéria inflamável (os seguidores receptivos ao carisma) e o oxigênio (o ambiente carismático, caracterizado pelo ambiente de crise que levava à pouca motivação). Quando José Mourinho (a faísca) chegou ao FC Porto, a equipe (matéria inflamável) ocupava um modesto sexto lugar na liga portuguesa, já tinha sido afastada da Taça de Portugal e estava praticamente de fora da Liga dos Campeões. Além disso, caminhava para o terceiro ano consecutivo sem ganhar o campeonato português. O ambiente era de crise, com jogadores e torcedores (matéria inflamável) descrentes, necessitando de um rumo, de alguém que os levasse a acreditar em algo (oxigênio). Mourinho chegou ao FC Porto e diante desses três elementos – e sendo parte de um deles – criou a "combustão" necessária ao surgimento da sua liderança carismática. Fez faísca, afirmando: "Para o ano que vem vamos ser campeões." Com esta frase, premeditada, porque "a equipe do FC Porto estava moribunda a essa altura" (Mourinho in Lourenço, 2004: 99), Mourinho "quis dar a entender aos portistas, logo no primeiro dia, que estava no clube para ganhar" (Lourenço, 2004: 99).

Depois, pretendeu também "motivar as hostes" (Lourenço 2004) com uma mensagem globalizante, para o interior (todos no clube) e para o exterior (todos os torcedores portistas e até adversários). E motivou de tal forma que, mais tarde, o presidente portista, Pinto da Costa, afirmaria que "naquela sua frase de apresentação aos jogadores – 'Para o ano que vem vamos ser campeões!' – apresentou o seu melhor cartão de visita e o seu mais perfeito retrato. Confiança, determinação, vontade de transmitir a indômita vontade de vencer ao seu povo, tudo estava sintetizado naquela frase" (Pinto da Costa *in* Lourenço, 2004: 98).

A partir daí, pode dizer-se que Mourinho conquistou a "nação" portista, e suas atitudes como líder foram constantemente alimentando a chama da sua liderança carismática. Foi assim quando disse à massa associativa do FC Porto, que a eliminatória com o Panathinaikos, que havia ganho o primeiro jogo nas Antas, ainda não tinha terminado, e foi assim quando, no regresso ao Estádio da Luz como técnico do FC Porto entrou antes de todos os seus jogadores no gramado, enfrentando um monumental coro de assobios e vaias dos torcedores do Benfica, conforme o próprio Mourinho contou na sua biografia:

> [S]abia claramente que quando entrasse em campo teria, aí sim, uma estrondosa recepção... pela negativa, está claro. Por isso fiz questão de entrar sozinho, antes da equipe. O estádio estava lotado quando pisei o gramado da Luz pela primeira vez no dia 4 de março de 2003. Faltava ainda cerca de uma hora e meia para o início do jogo. Foi fantástico. Vivi uma sensação linda. Nunca fui um jogador de primeiro nível para sentir, por exemplo, o que o Figo sentiu quando regressou a Barcelona, e portanto não tinha a noção do que seriam 80 mil pessoas me vaiando. Julgo que quando somos mentalmente fortes o efeito que as pessoas buscam, de intimidar e perturbar, sai completamente furado. Ao contrário, dão força e alento para prosseguir o caminho. Senti-me a pessoa mais importante do mundo ao ouvir em uníssono o coro de assobios e vaias com que os torcedores benfiquistas me receberam no Estádio da Luz. Ao mesmo tempo, ao descarregarem em cima de mim, acabaram por poupar a equipe, o que também foi importante. (Mourinho *in* Lourenço, 2004: 149).

## Algumas características do líder carismático

Como acontece com qualquer um de nós, as nossas atitudes estão diretamente ligadas às nossas características pessoais, aos nossos traços de personalidade. Destaco agora cinco características pessoais que, não esgotando o fenômeno do carisma, constituem, para mim, o tronco comum ou, em outras palavras, aquelas que, de forma quase genética, poderemos encontrar em qualquer pessoa ou líder que consideremos carismático: o líder carismático protagoniza uma visão ambiciosa e a articula com clareza. O risco pessoal é outra das características do líder carismático; a sensibilidade ao ambiente é outro aspecto do seu comportamento; possui, igualmente, um forte talento para a comunicação; e, por fim, tendem a destacar-se alguns tipos de comportamentos não convencionais no líder carismático. Vejamos então de que forma Mourinho, como líder carismático, se posiciona perante essa formulação proposta. O líder carismático protagoniza uma visão e articula-a explicitamente de forma a prometer, de maneira clara e bem definida, um futuro melhor para toda a equipe. Mourinho tem metas bem definidas e todas elas passam pela vitória, por vencer sempre. No entanto, permitam-me que aqui sublinhe a exequibilidade das metas propostas por Mourinho, essencialmente por dois motivos: em primeiro lugar, essa exequibilidade é decorrente da própria forma de estar de Mourinho, que passa pela coerência global entre o que se faz e o que se diz, entre o tratamento de uns e o de outros, entre o que pretendemos e o tipo de trabalho que fazemos para consegui-lo. A esse propósito citou Rui Faria : "A coerência passa por aí, [por] objetivos atingíveis. (...) Como é que se pode levar os outros a acreditar em algo em que eu próprio não acredito?". Depois, essa coerência assenta na própria evidência dos fatos, ou seja, até hoje, Mourinho ganhou sempre troféus em todas as equipes que comandou do início ao fim das temporadas. Pela promessa de vitória passa também a promessa de um futuro melhor, mais competente, melhor em termos coletivos e em termos individuais. Foi assim quando Mourinho chegou ao Benfica. Sobre o que disse aos jogadores da equipe no seu primeiro contato, Mourinho diz: "[P]rometi-lhes duas coisas: primeiro a garantia de "qualidade de trabalho". Com isso eles próprios iriam melhorar individual e coletivamente. A outra promessa foi 'frontalidade'" (Mourinho *in* Lourenço, 2004: 39).

O risco pessoal é outra das características do líder carismático. Os líderes assumem os riscos, estando preparados para o insucesso que poderá levá-los ao autossacrifício; isto em nome da visão. Mourinho, quando chegou ao FC Porto, em janeiro de 2002, não gostou de muitos dos vícios instalados na equipe. Sentiu que necessitava mudar porque havia, entre o plantel, pessoas pouco dispostas à mudança (Lourenço, 2004). O treinador assumiu riscos e enfrentou os jogadores no final de um jogo, em Belém, em que o seu time havia sido vergonhosamente derrotado pelo Belenenses: "[Disse-lhes que] se tivesse de ficar para a história do clube como o treinador que ao fim de tantos anos falhara o apuramento para as competições europeias, ficaria. No entanto, ou as coisas mudavam muito rapidamente ou, se fosse preciso, até com os juniores jogaria" (Mourinho *in* Lourenço, 2004: 109). Esta passagem revela também um outro aspecto do trabalho e da liderança de José Mourinho: a sua competência técnica, a sua capacidade de diagnosticar o que se passa num grupo, de extrair daí consequências, de as assumir e agir em função disso mesmo.

A sensibilidade ao ambiente é outra das características de Mourinho como líder carismático. Atentemos, a propósito, às palavras de Rui Faria: "A equipe em si, como estrutura, é importante, mas todas as estruturas envolvidas também são importantes. E, quando falo nas outras estruturas, falo nos diferentes departamentos – o departamento médico, de futebol, o vestiário... Tudo isso são estruturas que interagem e que não podem ser vistas como algo isolado". Por isso, Mourinho afirma: "Não somos só nós [a equipe de futebol]. Somos nós, mas é também o patrão, os investidores, os adeptos, e por aí afora".

É com esse olhar atento àquilo que é, cartesianamente, exterior à sua equipe, ao ambiente que a rodeia, que se entende o exemplo em que Mourinho ofereceu o troféu conquistado pelo Chelsea, nos Estados Unidos, ao responsável por cuidar do gramado de Stamford Bridge. Estávamos no início da temporada de 2004/05. José Mourinho tinha chegado ao clube inglês havia cerca de um mês. O clube encontrava-se na pré-temporada, e os primeiros trinta dias foram de trabalho em Stamford Bridge, o estádio do Chelsea. Cedo, o técnico português percebeu que a grama se encontrava em condições magníficas. Essas condições permitiram-lhe excelentes treinos, que tiveram como prêmio a primeira vitória num torneio realizado nos Estados Unidos, onde o Milan, recentemente coroado Campeão Europeu, era a principal atração. A taça foi levantada em campo pelo capitão John Terry, mas o seu destino já estava traçado. Em reconhecimento ao trabalho do funcionário responsável por cuidar do gramado de Stamford Bridge, pela qualidade de treino proporcionada à equipe, e que José Mourinho considerou um dos construtores da vitória, a taça, uma vez chegada a Londres, foi direto para a casa daquele profissional do Chelsea. Aquele homem, de quem ninguém, à exceção de Mourinho, se havia lembrado quando o Chelsea conquistou o troféu, teve nos dias seguintes os seus merecidos momentos de glória. Os jornais britânicos não deixaram passar em branco o destino do troféu. Nunca um funcionário que cuidava do gramado havia dado tantas entrevistas, havia visto tantas fotografias suas nos jornais e, muito provavelmente e mais importante, nunca havia sentido o seu trabalho tão reconhecido. E, com um olhar mais abrangente, podemos ainda dizer que Mourinho se dedica também a causas humanitárias. Por exemplo, em dezembro de 2006 aceitou ser o patrono de uma instituição londrina de apoio a crianças vítimas de câncer, a CLIC Sargent. De resto, as causas humanitárias são um objetivo que Mourinho tem para depois de encerrar sua carreira como treinador de futebol: "Quando, dentro de treze anos, eu tiver acabado a minha atividade no futebol, consigo ver-me envolvido cem por cento em ações humanitárias. Sempre pensei em problemas do Oriente Médio e da África, e não exclusivamente do futebol" (Mourinho *in* Barclay, 2006: 200-1).

Outra das características que se enquadram na liderança carismática e, por consequência, na liderança de Mourinho, tem a ver com a aptidão ou o talento para a comunicação. Mourinho, aqui, sente-se como peixe na água. Volto a me lembrar dos "pontos" que ele marcou ao apresentar-se na Itália falando um italiano fluente. Lembro-me das situações como as de Barcelona, onde, além de ter revelado qual equipe iria escalar, foi, depois, mais longe do que qualquer outro treinador ao enumerar, igualmente, a equipe que Frank Rijkaard iria colocar em campo.

Jorge Costa foi também elucidativo quanto à eficiência da comunicação de José Mourinho:

*Ele é direto e eficiente na forma como comunica, sente-se a segurança do seu discurso, a forma segura como produz o discurso. Muitos treinadores que acreditam nos seus jogadores e no seu trabalho podem dizer que esperam ganhar ou empatar neste ou naquele estádio, mas outra coisa é dizer: "Onde é? Qual estádio? Não importa, vou ganhar lá!" No primeiro caso, esse discurso não motiva em nada os jogadores, até porque não os compromete. No segundo caso, quando o treinador dá a cara e diz que vai ganhar porque os seus jogadores são os melhores, aí, sim, os jogadores estão automaticamente comprometidos com o seu líder que está arriscando o pescoço por eles e, isto, sim, serve de fatos de motivação. Desta forma os próprios jogadores começam a acreditar e a não ter dúvida de que são os melhores e que vão ganhar seja em que lugar for.*

Por fim, e para que não restem quaisquer dúvidas – se é que ainda as há –, as palavras de Frank Lampard, subcapitão do Chelsea, na sua biografia, ao descrever a forma como o viu chegar na Inglaterra e começar a lidar com a imprensa inglesa: *"From the moment I saw [Mourinho] handle the media on his first day at Chelsea I knew that there was something which set him apart from everyone else."*\* (Lampard e McGarry, 2006: 313).

Por fim, o líder carismático é também caracterizado por alguns tipos de comportamentos não convencionais. Ele adota muitas vezes comportamentos novos, pouco comuns, que não se adaptam às regras preestabelecidas.

Lembrando-nos do início de carreira de José Mourinho, concluímos que foi desta forma que ele marcou a sua entrada no futebol. Mourinho entrou com um discurso diferente do habitual e com métodos diferentes dos habituais, o que causou as mais diversas reações. Houve logo quem o odiasse e quem o amasse.

---

\* "A partir do momento em que o vi Mourinho lidar com a mídia, em seu primeiro dia no Chelsea, eu sabia que havia algo que o diferenciava de todos os outros."

Relembremos as palavras do treinador de futebol Manuel José, quando soube que Mourinho o iria substituir na União de Leiria: "Se Mourinho pensa que isto é uma selva e ele o Tarzan está muito enganado" (Lourenço, 2004: 77).

É certo que esta frase foi proferida num contexto em que Manuel José achava que Mourinho lhe deveria ter dito pessoalmente – o que não é norma no futebol, pelo menos em Portugal – que seria ele o seu substituto. No entanto, ela não deixa de espelhar todo um ambiente menos favorável que estava cimentado em relação a Mourinho. Manuel José não foi o único, e desde treinadores a anônimos, passando por jornalistas e comentaristas, muitos foram os que criticaram duramente o então jovem treinador – e muitos são os que ainda hoje o criticam. Arrogante, egoísta e insensível foram apenas algumas das palavras com que muitos o adjetivaram. Mourinho era visto como uma ameaça, como alguém que estava rompendo com os cânones tradicionais. Mourinho tinha consciência disso. Antes mesmo de iniciar a sua carreira como treinador profissional de futebol, quando saiu de Barcelona, já estava ciente desse fato:

> [S]ei que vou para uma luta, para um meio onde se calhar não me irei sentir muito cômodo porque a mentalidade é um pouco diferente. Além deste fator, também tenho a consciência que não pertenço ao clã, àqueles que dão as cartas, aos que distribuem o jogo. (Mourinho *in* Lourenço, 2004: 24)

Mourinho já sabia, assim, que iria enfrentar os poderes instalados, já sabia que era diferente, que iria ser diferente e já havia decidido que o seu percurso estava traçado e dele não se iria desviar. É por isso que desencadeou ódios, mas também paixões.

"José Mourinho [não é só] um bom treinador ao jeito tradicional. Ele é mais do que isso: é um treinador novo, para um futebol novo!" (Sérgio *in* Lourenço, 2003: prefácio), e é isso, nas palavras de Amhurst (2005: 75), que "verdadeiramente assusta (...) [os] outros". José Mourinho "ousou contrariar princípios que durante anos fizeram doutrina em gerações de treinadores mal preparados, pouco conhecedores e prisioneiros de uma inaceitável subserviência a dirigentes igualmente limitados (...)" (Fernando Guerra *in* jornal *A Bola*, 2 de março de 2004). A maneira de atuar de Mourinho, o seu polêmico estilo "na linguagem e nos atos, irreverente, desafiador, estimulante, aguerrido, emocional e frio, inteligente também nas estratégias fora do campo, às vezes mesmo feroz na agressividade – e, caramba!, a qualidade técnica deste jovem treinador são um caso muito sério, quiçá nunca antes visto, pelo menos em Portugal" (Santos Neves *in* jornal *A Bola*, 3 de outubro de 2003).

Desmond Morris referiu o que muitos já constataram vezes suficientes:

> *[Nós] ficamos suspensos com as palavras dele. Ele diz coisas que são relevantes e que fazem pensar. Evita lugares-comuns. Não se deixou apanhar pela mentalidade do desmazelo de* "o futebol é mesmo assim". (Morris *in* Barclay, 2006: 188)

Por quê? Porque a liderança só é eficaz se implicar descoberta e profecia, isto é, se apontar para o novo, se veicular acrescento de ser.

Ficaram palavras e ideias de jornalistas, escritores, treinadores, professores universitários, que espelham a maneira como José Mourinho é encarado por muitos: um líder novo, um homem carismático, que veio romper com o pensamento instalado. Mas esse rompimento é mais profundo do que uma mera mudança de estilo ou de cultura. Como defendemos nesta investigação, trata-se de propor a ação numa atividade concreta, bem como o seu entendimento, à luz da perspectiva da complexidade, rompendo com uma tradição de séculos que todos nós, consciente ou inconscientemente, recebemos como herança.

Constate-se, pois, o que venho defendendo, ainda que por vezes de forma implícita, neste estudo: José Mourinho é o primeiro profissional no mundo a operacionalizar a perspectiva da complexidade à profissão de treinador de futebol. Será, possivelmente, um dos primeiros a operacionalizar plenamente, isto é, a concretizar até os mais pequenos pormenores da ação cotidiana, aquela mesma perspectiva paradigmática a um qualquer domínio concreto da ação humana.

Um dos desafios que se segue, evidentemente fora do objeto e das possibilidades deste livro, é estudar e conceber a transferibilidade plena do trabalho de José Mourinho para o mundo das organizações em geral. No que diz respeito à liderança, um tópico importante no mundo organizacional contemporâneo, tentei dar um primeiro passo com os estudos que iniciei há uns anos. Este livro avança um pouco mais.

Um líder carismático afirma-se, em grande medida, pelos traços anteriormente descritos, contudo, uma vez atingido o estatuto, o líder tem de manter a chama acesa. Uma coisa é a emergência da liderança, outra é a sua manutenção. E quantos casos não poderíamos citar de líderes que emergiram natural e eficazmente em dada altura, para pouco tempo depois se deixarem cair no limbo da vulgaridade e acabarem por ser desprezados por aqueles que, tão pouco tempo antes, os seguiam com dedicada e quase cega fidelidade?

Shamir *et al.* (1993) propõem um trajeto do líder carismático. Para o líder carismático o presente deve ser o experimentar a possibilidade e a exequibilidade de um futuro melhor. Mourinho tem protagonizado essa aproximação nos clubes por onde tem passado, prometendo títulos e vitórias – e conseguindo-os. O líder carismático informa sobre as suas perspectivas e ambições de alto rendimento, bem como sobre a sua convicção de que esses mesmos objetivos serão alcançados. Mourinho promete a evolução qualitativa das competências de cada um dos seus liderados, fazendo-os acreditar, conforme referimos acima, que eles são capazes de ganhar, que são até os melhores do mundo.

Essa atitude desencadeia sentimentos novos, intensifica a autoestima e a autoconfiança nos jogadores e os resultados são visíveis, conforme mostramos e continuaremos a referir por meio de declarações de jogadores como Drogba, Lampard, Jorge Costa, Vítor Baía e outros.

Na trajetória do líder carismático, conforme Shamir *et al.* (1993), destaca-se ainda o comportamento do líder, o qual deve ser um exemplo a seguir pelos seus liderados. Ao mesmo tempo que lhes apresenta um novo sistema de valores – o que em Mourinho se traduz também na insistente mensagem de que o trabalho de um grupo de futebol não termina quando se abandona o estágio ou o estádio – o líder está sempre presente, exibindo a cada momento o código de conduta que a todos deve guiar, em todas as facetas da sua vida, quer profissional, quer social. Por fim o líder carismático tende a submeter-se a autossacrifícios em prol do grupo. A entrada de Mourinho no Estádio da Luz à frente dos seus jogadores, para poupá-los das vaias dos adeptos do Benfica, como já foi descrito, é uma prova disso mesmo.

A liderança carismática provoca efeitos diretos nos seguidores, ou seja, constata-se uma relação causa/efeito entre a liderança carismática e o alto rendimento, por um lado, e a satisfação dos liderados, por outro. O alto rendimento dos atletas de Mourinho é comprovado através dos êxitos que consegue nos seus grupos. Quanto à satisfação dos que trabalham com ele, atente-se às palavras de Vítor Baía, goleiro do FC Porto, citado por Miguel Sousa Tavares: "[Ele é] o melhor treinador que já tive. Com ele não há treinos para entreter nem corridinhas inúteis à volta do campo. Tudo é feito em função do jogo seguinte e treinamos só a forma de vencê-lo" (Baía citado por Sousa Tavares *in* Lourenço, 2004: prefácio) — e Baía proferiu essas palavras num momento em que estava suspenso por Mourinho…; ou ainda as palavras de Pedro Mendes, antigo jogador de Mourinho no FC Porto, quando jogava na Inglaterra: "[É] um treinador com uma metodologia de treino fantástica. Grande parte dos jogadores do Chelsea está completamente fascinada com o tipo de trabalho que Mourinho está desenvolvendo" (Mendes *in Jornal de Notícias*, 26 de fevereiro de 2005).

Quem parece ter se lembrado dessa afirmação de Pedro Mendes foi Didier Drogba, quando falou comigo cinco anos depois.

*Ele tem em tudo uma filosofia diferente. Por exemplo, ao nível do treino, em todos os clubes por onde passei, na pré-temporada, nós corríamos muito antes de começar os treinos com bola. Era um método para readquirir a forma física. Com ele não aconteceu nada disso. Tudo, mas absolutamente tudo, foi feito com a bola, sempre com a bola, mesmo o trabalho físico. E eu recordo-me de pensar: "O que é que se passa, isto é diferente de tudo o que conheço e fiz até hoje, não tenho a certeza de que isto esteja correto". Mas, depois de começar a trabalhar daquela forma, começamos a gostar do que estamos fazendo e depois de perceber o que está sendo feito dizemos: afinal, aquilo que nos disse é verdade, isto está funcionando, e ele sabe o que faz.*

Pelo que ficou dito, pode-se concluir que José Mourinho é um líder carismático, ou alguém que goza de um poderoso efeito carismático sobre os seus seguidores na plena acepção técnica dessa classificação.

## Liderança transformacional

Vou, por fim, abordar um dos últimos desenvolvimentos das Teorias Neocarismáticas: a Liderança Transacional e a Liderança Transformacional, propostas por Bernard Bass, na década de 80 do século passado. Essas duas teorias complementam-se, uma vez que o líder pode socorrer-se de ambas. Conforme afirma Robbins (2002), a liderança transformacional é construída "em cima" da transacional. Bass detalha essa ideia ao afirmar que, em períodos de fundação ou mudança organizacional, a liderança transformacional é a mais eficaz e que em períodos de estabilidade organizacional ou de evolução da instituição lenta se aplica com maior grau de eficácia a liderança transacional. De uma forma ou de outra, repita-se, as duas podem complementar-se, completar-se e o mesmo líder pode fazer uso de ambos os estilos de liderança.

Dessa forma, a Liderança Transacional, precisamente pela sua essência de estabilidade, tende a ser usada no dia a dia. O líder foca a sua ação no esclarecimento, nos requisitos e no desenvolvimento das tarefas dos liderados, socorrendo-se de recompensas ou de castigos para a sua realização. Aplicando essa noção ao trabalho diário de José Mourinho, conjugando-a com a sua noção de grupo, relembremos as palavras do jogador Frank Lampard: *"Mourinho gives you the option: you can take the right route or the wrong route – but if you take the wrong route, he will know about it and there will be repercussions"*\* (Lampard e McGarry, 2006: 317).

Ou então fixemos as palavras de Rui Faria, que aborda o mesmo tema, mas já numa perspectiva complexa:

> *[A] sanção pretende a reorganização do todo e não a punição em si. Por isso não interessa se, quando temos de punir, punimos este ou aquele jogador. Trata-se de um elemento de uma estrutura que tem de funcionar em estabilidade, porque a desorganização acaba por vir da individualidade de cada um.*

Vimos como Mourinho lida com o castigo. Vejamos agora como lida com a recompensa. Na final da Liga dos Campeões o "[g]rande Pedro Emanuel, homem da minha confiança, apto para todo o serviço" (Mourinho *in* Lourenço, 2004: 177) – foi assim que Mourinho se referiu a Pedro Emanuel, jogador do FC Porto, na sua biografia, no capítulo em que ele próprio relata a final da Liga dos Campeões, em Gelsenkirshen – estava no banco, sentado ao lado de José Mourinho. Pedro Emanuel, por quem, como se viu, Mourinho nutria grande respeito e admiração, ansiava como qualquer outro jogador por participar da final. No entanto, no seu lugar estava jogando o capitão Jorge Costa. A cinco minutos do fim da partida o FC Porto vencia o Mônaco por 3 x 0 e, portanto, a vitória estava assegurada.

Na biografia de Jorge Costa relata-se como Mourinho lidou com o problema – moral – de colocar em campo Pedro Emanuel:

---

\* "Mourinho lhe dá opções: você pode pegar o caminho certo ou o errado – mas se você pegar o caminho errado ele saberá e haverá repercussões."

*[Mourinho chamou Jorge Costa] à linha lateral e perguntou-lhe se concordava com a entrada de Pedro Emanuel. Não por sentir que o resultado estava em risco, mas por uma questão de justiça para com um dos líderes do vestiário. (...) Com os cinco minutos que esteve em campo, Pedro Emanuel garantiu o prêmio de jogo, que era só pago a quem jogasse, nem que fosse só um minuto* (Santos e Cerqueira, 2005: 118).

É claro que, nesse caso concreto, a verdadeira recompensa de Pedro Emanuel, aquela que Mourinho lhe quis dar, foi poder participar de fato no jogo, poder dizer que foi campeão europeu, muito mais que a recompensa monetária referida na biografia de Jorge Costa – embora esta, obviamente, também tenha de ser equacionada.

A liderança direta de Mourinho é exercida sobre um grupo de tamanho médio, cerca de 33 pessoas, pelo que Mourinho é, simultaneamente, um gestor do dia a dia e um líder com visão de futuro. Logo, ele é um líder transacional, conforme acabamos de ver, e um líder transformacional, conforme veremos em seguida. Trata-se, pois, da ideia de Robbins (2002) quando afirma que a liderança transformacional é construída em cima da transacional.

Na sua essência, o que caracteriza a Liderança Transformacional é que ela "transforma" os objetivos, ou seja, de alguma forma, ela faz com que os integrantes do grupo passem para segundo plano os seus objetivos pessoais em substituição aos objetivos do grupo que passam, assim, para principal objetivo. Retenho, a esse propósito, as palavras do jogador Deco, quando me falava do FC Porto de Mourinho.

*Éramos um grupo muito forte, mas também muito coeso, e não éramos só bons jogadores, também tínhamos muita qualidade humana. Depois, queríamos vencer, tínhamos uma enorme ambição de vitória. Essa ambição era em nível pessoal, natural, mas, além disso, o Mourinho conseguiu criar ali uma ambição de grupo e por isso gostávamos de treinar, jogar, estar todos juntos, fazíamo-lo com bastante prazer.*

Essa ideia de Deco é tão forte quanto elucidativa se quisermos demonstrar em poucas linhas a essência da Liderança Transformacional. Os objetivos individuais não desaparecem, contudo, eles passam para um plano secundário relativamente aos objetivos globais do grupo. Porém, antes de passarmos à análise mais detalhada da Liderança Transformacional em Mourinho, impõe-se um esclarecimento. Em grande parte a liderança transformacional confunde-se com a liderança carismática. Ambas têm efeitos diretos e bastante positivos sobre os seguidores, levando-os a conseguir resultados extraordinários. Ambas as lideranças incutem altos níveis de confiança e motivação. Ambas se revelam patrocinadoras de uma moral que deve ser seguida pelos seguidores. Também ambas revelam postura de autossacrifício. Em conclusão, quer a liderança transformacional quer a liderança carismática focam os interesses da organização, levando os subordinados a contornar os seus interesses pessoais em nome do objetivo final do grupo. O que as distingue, então? Desde logo a noção de que a liderança transformacional está, de alguma forma, associada à liderança transacional. Existe o pressuposto de que o líder, virado também para o dia a dia e não apenas para uma visão de futuro, com uma perspectiva de mudança, está mais perto dos seguidores e tem com eles uma relação mais íntima, ao mesmo tempo que não é suposto enquadrar a liderança carismática na rotina do dia a dia. O segundo elemento distintivo da liderança transformacional, face à carismática reside no fato de que o comportamento do líder carismático tende a levar a que os seguidores o sigam, a que adotem a sua visão, mas a que fiquem por aí. O líder transformacional, por sua vez, tenta desenvolver nos seus seguidores instintos de liderança, tendendo a torná-los mais autônomos do que o líder carismático. Assim se compreendem as palavras de Avolio e Bass:

> *O líder puramente carismático pode querer que os seus liderados adotem a visão de mundo carismática e fiquem por aí. O líder transformacional tenta inculcar em seus seguidores a capacidade de questionar não apenas as visões já estabelecidas, mas até aquelas colocadas pelo próprio líder.* (Avolio e Bass *in* Robbins, 2002: 319)

São diferenças que, contudo, não são, quanto a mim, suficientes para que se possa autonomizar a liderança carismática, até porque em ambas vigora o mesmo princípio: o do primado consciencial e obviamente motivacional do líder. Apenas por questões académicas, por respeito aos estudos, fiz a separação clara entre os dois tipos de liderança.

De qualquer forma, julgo poder agora concluir que, na minha perspectiva, não se justifica falar nos dois tipos de liderança separadamente. Por quê? Porque o que as distingue não é fundamental e o que as une é demasiado forte para ser separado. Dessa forma, penso hoje que o carisma é um atributo – atribuído ou não é outra discussão –, um traço de personalidade da pessoa humana e que deve ser enquadrado como tal. Uma vez enquadrado, em grande medida ele remete-nos para um tipo de liderança no qual se encaixa e completa: neste caso, a liderança transformacional. O carisma serve, igualmente, para demonstrar, nuns casos, e facilitar, noutros, a emergência da liderança. Depois, tantas e tantas vezes, o carisma vai diminuindo, aliás, com o tempo, tem mesmo tendência para desaparecer. O que fica, então, além disso? Justamente o perfil do líder, o seu estilo de liderança. Em conclusão, julgo que o carisma se enquadra em alguns tipos de liderança, facilita o seu aparecimento, promove o seu início, mas é sempre necessário muito mais que carisma para se conseguir, depois, manter a liderança ativa. Em muitos casos, o próprio carisma desaparece, a liderança, não. Por isso, "tendo em conta o fraco valor explicativo como fator isolado, os estudiosos da liderança incorporam-no em um conceito mais amplo – a liderança transformacional" (Nye Jr. 2008: 89). Eu também. Daí que "[o] carisma, no sentido de magnetismo pessoal, [seja] apenas uma parte da liderança transformacional" (Nye Jr. 2009: 89-90). E que dizer, então, do radicalismo de Peter Drucker quando escreve sobre o tema?

*A liderança é importante, é claro. Mas, infelizmente, é uma coisa diferente do que agora é defendido. Tem pouco que ver com "qualidades de liderança" e ainda menos com "carisma". (...) A história não conhece líderes mais carismáticos que Stalin, Hitler e Mao – os pseudolíderes que causaram o maior mal e sofrimento à Humanidade alguma vez registrado. Mas a liderança eficaz não depende do carisma. Dwight Eisenhauer, George Marshall e Harry Truman foram líderes particularmente eficazes, porém nenhum possuía mais carisma do que um "carapau seco."* (Drucker, 2008: 291)

Mourinho, como vimos anteriormente, reúne características carismáticas, pelo que não nos vamos agora deter nas características que são comuns a esta e à liderança transformacional e que por uma questão de método já enumerei. Abordarei, apenas, as características que extravasam o seu carisma, encontrando apenas fundamento na liderança transformacional. Não perderei também de vista que este tipo de liderança assenta na liderança transacional, olhando, por isso, para essa temática transacional/transformacional na sua globalidade.

Segundo o estudo de Karl *et al.* (2003), são quatro os princípios adotados pelos líderes transformacionais e que produzem resultados diretos nos seus subordinados (e observemos como eles têm que ver, intrinsecamente, com carisma). Os dois primeiros – motivação inspiracional e influência idealizada – têm relação direta com a liderança carismática, e, embora com outra terminologia, eles foram analisados anteriormente. Conclui-se, então, que o comportamento de José Mourinho é caracterizado por aqueles dois aspectos. Quanto à terceira característica – a consideração individualizada –, entendo que apenas em parte ela é inserida nos princípios da liderança carismática, estando por isso mais diretamente ligada à liderança transformacional, cuja teoria adiante aplicaremos à liderança de José Mourinho. A última característica do líder transformacional – a estimulação intelectual – sai da esfera da liderança carismática, pelo que a vamos também abordar no contexto da liderança de José Mourinho.

A consideração individualizada visa a motivação, a valorização, o ensino e a transferência de poder para os subordinados. Só este último aspecto se desvia dos princípios da liderança carismática, pelo que é apenas sobre ele que nos iremos deter.

Dividamos, em primeiro lugar, os liderados por Mourinho em dois grupos: a equipe técnica, que é simultaneamente líder (dos jogadores) e liderada (por José Mourinho), e os jogadores, apenas liderados, embora aqui possamos considerar os capitães de equipe também líderes – no entanto, não entendo esse fato como relevante para o momento da análise. Assim, neste último grupo, nos jogadores, não há delegação de poderes por definição. A delegação de poderes para o capitão de equipe durante o jogo não é uma opção do treinador, é uma regra do próprio jogo, pelo que não pode ser considerada integrante de qualquer tipo de liderança. A essência do trabalho dos jogadores não encontra por isso qualquer justificação para que exista delegação de poderes, ou seja, os jogadores como operacionais de um jogo não encontram na sua esfera de ação qualquer tarefa que se relacione com a liderança da organização, quer no sentido organizacional, quer no sentido operacional. No entanto, conforme foi referido, eles contribuem para a composição do todo, emitindo opiniões e transmitindo ideias que poderão ser aproveitadas, sem que no entanto se possa entender esta ação como delegação de poderes.

Quanto ao primeiro grupo, constituído pela equipe técnica, aí sim, já podemos afirmar que Mourinho delega poderes, sem, contudo, perder de vista a globalidade da situação. Isso quer dizer que, na delegação de poder a qualquer integrante da equipe técnica, mantém-se sempre clara a sua condicionalidade legitimante, isto é, a liderança global de Mourinho mantém-se sempre evidente sem, no entanto, ser entendida como intrusa, policial ou castradora. Na liderança delegada não há transferência, mas solidariedade e cumplicidade – na execução é uma diretriz em que todos se reveem e executam.

Essa ideia tem de ser assumida, desde logo, quando partimos da premissa, defendida ao longo deste livro, de que a perspectiva da complexidade serve de base ao trabalho de Mourinho. Assim, como entender a sua base complexa de trabalho num contexto de uma liderança centrada numa pessoa, em José Mourinho? Da seguinte forma: Mourinho tem, globalmente, na sua liderança a *dominante* da liderança do seu grupo, sem que isso signifique que, em determinado contexto, um seu qualquer adjunto não possa assumir funções claras de liderança.

Essa ideia está subentendida nas próprias palavras de Mourinho:

> *O Rui [Faria] é o meu complemento. Aliás, nem o chamo de preparador físico, porque é muito mais que isso e esse conceito não existe no nosso modelo de trabalho, já que, no fundo, ele executa e coordena uma grande parte da nossa metodologia de treino.* (Mourinho *in* Oliveira *et al.* (2006: 45-6).

Ao deixar para Rui Faria uma parte da execução e coordenação do trabalho de comando da equipe, Mourinho está delegando poderes, não se assumindo como centralizador de competências ou de poder.

É assim com Rui Faria e é assim com a restante equipe técnica, já que não faria sentido, numa perspectiva complexa, que Mourinho – com ou sem Rui Faria – fosse a parte separada do todo, o integrante diferente e diferenciado – na sua orgânica e na sua operacionalidade – de um todo composto por partes que compõem e recompõem constantemente esse mesmo todo.

Por fim, a característica da estimulação intelectual, a qual tem como objetivo levar a que os subordinados se questionem a si próprios e ao *status quo* estabelecido. Pretende também incentivar-se a inovação e a criatividade para uma resolução conjunta dos problemas da organização.

Nesse campo importa salientar que Mourinho, por princípio, quer nas suas equipes jogadores inteligentes, o que, de alguma forma, deixa antever a relevância que assume a capacidade de reflexão individual. Seria, pois, um contrassenso que Mourinho desse relevância à inteligência dos seus liderados para depois não a utilizar. Sublinha Rui Faria: "[S]ob o ponto de vista mental, direcionado para o jogo, como aquilo que se faz é adquirir formação mental e comportamental, os jogadores têm de pensar e ser inteligentes para observar. Daí o José Mourinho dizer que só quer jogadores inteligentes nas suas equipes".

No entanto, não é menos certo que não se pode ser apenas inteligente naquilo que o líder pretende e deixar de se ser inteligente nas situações imprevisíveis em que se encontre. Dessa forma a inteligência pretendida por Mourinho só pode ser entendida na globalidade do trabalho e na globalidade daquilo que ele espera, no jogo e fora do jogo, de cada um dos seus liderados. É assim que Mourinho introduz os seus liderados na *Descoberta Guiada*, um método que, como já vimos, pretende levar o jogador a descobrir por ele próprio o caminho, sob a orientação e as pistas do líder.

O caminho, por isso – e como escreveu Miguel Unamuno (1864-1931) –, faz-se caminhando, faz-se sentindo, aprendendo e apreendendo, com cada um pensando e sentindo numa perspectiva complexa.

Mourinho aceita, pois, o questionamento e o lançamento de ideias para o campo por parte dos seus subordinados sem, no entanto, se desviar, pelo menos de uma forma substancial, do trajeto já traçado. É por isso que ele necessita da inteligência individual, do questionar, do interrogar e do duvidar. É também através da *Descoberta Guiada* que Mourinho incentiva a inovação e a criatividade individuais, a serviço da resolução dos problemas do grupo e da organização como um todo.

# 4 INTELIGÊNCIA EMOCIONAL

> *Na atual globalização, devemos viver com a clara consciência de que a qualquer momento poderemos trabalhar em qualquer lugar do mundo. Nessas circunstâncias pouco importam as nossas habilidades acadêmicas, e muitas vezes comprovamos que as nossas emoções vencem o talento profissional quando somos traídos pela saudade ou ansiedade do que deixamos para trás.* **Soto (2001: 4)**

Como poderemos, então, subtrair do pensamento humano, e do pensamento humano transformado em ação, as emoções, sendo certo que, numa perspectiva complexa – e até das ciências exatas como Damásio nos vai provar em seguida –, elas nos acompanham durante toda a nossa existência, sendo, pois, parte do todo complexo em que nos constituímos?

A problemática do peso das emoções no nosso "teatro interno" resulta, pois, de uma pergunta simples: ao falarmos de liderança, de tomada de decisão, de atitude perante o eu e os outros, que peso têm as nossas emoções? Até há bem pouco tempo julgava-se que nenhum. Os líderes e gestores de todo o mundo, decorrente de uma visão cartesiana e mecanicista, com a consequente divisão, separação e descontextualização do objeto de estudo, entendiam que o processo decisório se consubstanciava apenas com base num elemento: a razão. Alargando esse conceito à temática da liderança podemos imaginar com relativa facilidade a ideia de líder – e de liderança – que lhe está subjacente.

Trata-se do homem direto, frontal, que decide a frio, com rigor, sem dúvidas e sem emoções. Pretendia-se, dessa forma, transmitir, antes de mais nada, a segurança do líder. Segurança nas suas competências e segurança nas suas decisões. O líder, distanciado, como que fora do mundo das incertezas, da ambiguidade e das emoções, estava no mais alto patamar da organização e dessa forma exercia a sua autoridade de uma maneira distante e segura. Ser emocional ou mostrar sentimentos era sinónimo de fraqueza, o que então não era admitido, tal como ainda tende a não o ser hoje. Mas as coisas estão mudando.

## Estudos de Damásio

O neurocientista português António Damásio – radicado nos Estados Unidos há mais de trinta anos e atualmente professor e diretor do Departamento de Neurologia da Universidade de Iowa – definiu a emoção da seguinte forma: "No seu mais essencial, as emoções servem para reagir de uma forma automática a uma série de ameaças ou oportunidades que se põem a um organismo vivo" (Damásio *in* Marques, 2004: 68). Se as emoções nos fazem reagir de forma automática, presume-se que essa reação não depende de nós como opção única da razão, logo, será legítimo afirmar que estamos condenados a trabalhar com elas em todos os processos ativos de nossa vida. Tal como não conseguimos não pensar, não conseguimos, igualmente, pensar sem emoções, a não ser que, biologicamente, disso sejamos impedidos.

Mas, se isso acontecesse, continuaríamos a ser nós próprios? Continuaríamos a olhar o mundo da mesma maneira? Continuariam a ser os nossos atos, à luz da nossa história, minimamente previsíveis?

Partindo da constatação científica de que o nosso sistema emocional está localizado e perfeitamente definido em uma parte do nosso cérebro, Damásio (2005) nos conta uma história baseada na sua investigação, que nos sugere respostas para as perguntas acima formuladas. Elliot,[15] um cidadão norte-americano na casa dos trinta anos, vivia uma vida de sucesso. Marido e pai estimado, profissional reconhecido, levava uma vida tranquila de homem bem-sucedido, quer profissional quer socialmente, até ao dia em que lhe foi diagnosticado um tumor cerebral. Não era maligno e a sua estação seria a

---

[15] Nome fictício atribuído por Damásio, por se tratar de um personagem real ao abrigo do sigilo médico.

solução para o problema, ainda para mais porque uma vez removido era convicção científica de que não voltaria a crescer. A operação foi um sucesso aparente e as perspectivas eram excelentes. O tumor foi retirado, bem como o tecido do *lobo frontal* que tinha sido danificado. Segundo nos descreve Damásio (2005), muitos e novos problemas, no entanto, estavam ainda para começar. Durante a recuperação, família e amigos começaram a notar diferenças sensíveis no comportamento de Elliot. Em contraposição ao homem ativo, estável e equilibrado, um novo Elliot revelava-se agora. Necessitava de incentivos para ir trabalhar, raramente ou a muito custo terminava uma tarefa e a instabilidade começou a fazer parte da sua vida, a tal ponto que Elliot se tornou incapaz de tomar decisões. Essa sua nova personalidade depressa o levou a dois divórcios e a várias demissões nos múltiplos empregos que obteve nos anos seguintes. Claramente "Elliot já não era Elliot" (Damásio, 2005: 56), e a sua vida tornou-se um caos. Não obstante todos os traços da sua personalidade serem agora diferentes, Elliot mantinha intactas todas as suas capacidades mentais e físicas. O seu raciocínio não foi perturbado, o seu QI mantinha-se acima da média, como foi confirmado pela realização de testes, e Elliot tinha também todos os seus sentidos inalterados. Assim, em certa medida, Elliot ainda era Elliot. Mantinha-se o mesmo quanto às suas capacidades neurológicas, mas revelava-se outro quanto à operacionalização dessas mesmas capacidades.

*Os seus problemas não eram resultado de "doença orgânica" ou de "disfunção neurológica" – por outras palavras doença cerebral –, mas sim o reflexo de problemas de ajustamento "emocional" e "psicológico".* (Damásio, 2005: 59-60)

Elliot era, dessa forma, um homem com um intelecto perfeitamente normal que se traía a si próprio pela incapacidade de tomar decisões, em especial quando elas se revestiam de natureza pessoal ou social. Como paciente de Damásio, Elliot realizou todo o tipo de teste, até que o médico começou a desviar a sua atenção para uma questão quase ignorada até então: as emoções. E Damásio (2005) pôde comprovar, depois de mais uma das inúmeras sessões com Elliot, que o caminho para a descoberta do que se estava a passar poderia muito bem ser esse. Entendeu mostrar ao paciente imagens de catástrofes, como casas pegando fogo, edifícios ruindo em terremotos, pessoas feridas etc., com o objetivo de tentar perceber de que forma ele reagia a estímulos emocionalmente fortes e desconcertantes.

*[E]le me disse, sem qualquer equívoco, que os seus sentimentos tinham se modificado desde a sua doença. Conseguia perceber que os assuntos que anteriormente lhe suscitavam emoções fortes já não lhe provocavam qualquer reação, positiva ou negativa.* (Damásio, 2005: 64-5)

E foi nesse ponto que se começou a fazer luz na investigação de Damásio. Imaginemos o mais fanático fã de José Mourinho que, de repente, se dava conta, ao ver um jogo de futebol da equipe de Mourinho que, esse mesmo jogo já nada lhe dizia. Imagine-se um gol na final da Liga dos Campeões e a reação emocional do fã ser igual à de beber um copo de água. Ou então, imagine-se ainda alguém contemplando uma magnífica paisagem e experimentando um sentimento como se se tratasse da visão mais trivial que já tivera. Em ambos os casos, recorde-se, as pessoas já tinham experimentado sentimentos fortes e arrebatadores em situações semelhantes, pelo que agora se apercebiam perfeitamente do que estava errado, ou seja, já tinham sentido emoções em situações similares e agora estavam perfeitamente conscientes de que nada sentiam. Os exemplos poderiam ser muitos, mas estes são suficientes para se perceber o estado de Elliot: saber mas não sentir (Damásio, 2005). Dito por outras palavras, Elliot estava consciente de tudo no mundo que girava à sua roda, tinha noção do bem e do mal, do certo e do errado, do branco e do preto, mas não conseguia dar-lhes funcionalidade, sublinhe-se, na vida real, porque privado de emoções era-lhe igual seguir por um caminho ou por outro, logo não conseguia tomar decisões, não era capaz de optar. Damásio escreve que começou "a pensar que a frieza do raciocínio de Elliot o impedia de atribuir diferentes "valores" às diferentes opções, tornando a sua paisagem de tomada de decisões desesperadamente plana" (Damásio 2005:70).

Depois de Elliot e até 1993, Damásio estudou mais doze casos similares de lesões pré-frontais. Em todos eles o cientista observou ligações entre a perda de emoções e a deficiência na tomada de decisão. As razões dessa associação são explicadas por Damásio nas suas obras *O erro de Descartes* (1995), *O sentimento de si* (2000) e *Ao encontro de Espinosa* (2003).

## A teoria de Goleman — inteligência emocional

Interessa-me, com esse exemplo, ilustrar a associação, ou ligação, entre emoções e comportamento do líder, estabelecendo, com certeza, que aquelas estão intimamente ligadas a este, de tal forma que a construção comportamental não mais será a mesma – ou perderá mesmo a sua funcionalidade – se condicionada seriamente pelas emoções, quer pela sua ausência, quer por uma *overdose*.

Todos sabemos que o excesso de emoções nos traz alterações comportamentais. Basta nos lembrarmos de algumas das nossas atitudes quando experimentamos elevados níveis de ansiedade ou nervosismo.

O que ainda não sabíamos – e ficou provado, nomeadamente com os trabalhos de Damásio (1995, 2000, 2003) – é que a sua ausência nos pode levar a uma paisagem completamente plana de decisão, ou seja, que sem emoções não estamos aptos, não somos capazes de decidir, pura e simplesmente não decidimos. Assim, quando pensamos que temos de tomar uma decisão sem qualquer tipo de influência emocional, estamos a laborar num erro porque as emoções estão sempre lá, conosco, algumas vezes de uma forma imperceptível, mas estão em nós, ativas, e sempre como integrantes do nosso processo decisório. Daí que seja, agora, pertinente levantar algumas questões: sendo as emoções integrantes da nossa vida, se a sua ausência ou o seu excesso nos provocam alterações fundamentais no nosso comportamento, se estamos condenados a, para o bem e para o mal, viver com elas, será racional da nossa parte deixá-las simplesmente evoluir ou mudar, atuando sem qualquer tipo de controle ou de influência sobre elas? Será razoável não olhar para as emoções sem perguntar como e de que forma nos poderão elas ser mais úteis, como poderemos otimizá-las nos nossos atos? Não será melhor conhecê-las para sua mais eficaz utilização na justa medida em que elas poderão e/ou deverão ser usadas? E constituindo as emoções um fator fundamental de influência do nosso caráter, logo do nosso comportamento, não será pertinente, com base no seu conhecimento, um controle mais efetivo sobre elas? A teoria da Inteligência Emocional diz-nos que sim. Vai até mais longe: não só nos diz que sim, como também nos aponta caminhos, ou seja, dá-nos pistas para sermos inteligentes sobre as nossas emoções e sobre as emoções dos outros, para que possamos nos beneficiar delas e evitar ao máximo os seus efeitos nefastos face às ameaças e às oportunidades com que somos confrontados no nosso dia a dia.

Mas, objetivamente, para que servem então as emoções? Charles Darwin (1809-1882), na sua obra *The expression of emotions on man and animal* publicada em 1872 – traduzida para português (Darwin, 2006) –, explica como as emoções constituem um sistema complexo mas eficaz de adaptação ao meio envolvente.

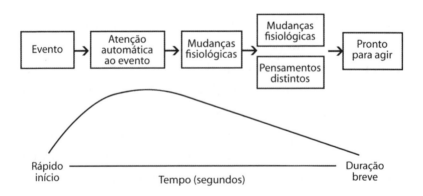

Depois de nos queimarmos, passamos a ter uma relação emocional com o fogo que nos protege de nos queimarmos mais vezes. Um susto que nos provoca o automóvel que surge a alta velocidade quando atravessamos a rua faz com que das próximas vezes tenhamos mais cuidado e naquele momento dá-nos a força e a rapidez que nos permite correr e ficar a salvo.

Etimologicamente, emoção é, assim, *atenção, mover para*. O agir, ou ação, está, dessa forma, implícito nas emoções, como, de resto, já se poderia ter concluído da definição apresentada por Damásio (2005). Num plano mais fecundo do que aquele já transcrito, Damásio conclui sobre aquilo que considera ser a emoção:

> *[A] emoção é a combinação de um processo avaliatório mental, simples ou complexo, com respostas disposicionais a esse processo, na sua maioria dirigidas ao corpo propriamente dito, resultando num estado emocional do corpo, mas também dirigidas ao próprio cérebro (núcleos neurotransmissores no tronco cerebral), resultando em alterações mentais adicionais.* (Damásio, 2005: 153).

Dessa forma entende-se a emoção como uma resposta a um elemento exterior ou, em outras palavras, como um estado de alma reativo em que a razão não é chamada a participar. Assim, se a reação for transformada em ação acabamos por reagir por impulso – ou, se quisermos, se na ação não tivermos coordenados (no sentido de ponderados, equilibrados) emoção e razão –, o que aumentará seguramente a probabilidade de erro na resposta dada. Também Goleman *et al.* (2003) definiram emoção referindo-se a um "sentimento e aos raciocínios daí derivados, estados psicológicos e biológicos, e o leque de propensões para a ação". Julgo que as diferenças entre essa noção e a noção de Damásio (2005) dizem mais respeito ao objeto de estudo de cada um deles do que propriamente a divergências estruturais. No fundo poder-se-á fazer uma aproximação entre as duas definições de modo a poder trabalhá-las em conjunto e sem antagonismos nos objetivos que pretendemos explorar.

Conclui-se, assim, que tanto Goleman *et al.* como Damásio falam em estados emocionais, decorrentes de elementos exteriores (sobretudo), que predispõem para a ação e reação. Por isso, numa sequência de ideias lógica, pode se concluir que as emoções, não são mais que mecanismos que nos ajudam:

– *a reagir com rapidez perante acontecimentos inesperados;*
– *a tomar decisões com prontidão e segurança; e*
– *a comunicar de forma não verbal com outras pessoas.*
(Märtin e Boeck, 2007: 32)

Já ficou explícito o que são as emoções e também se constatou que elas estão sempre presentes ao longo da nossa vida. Sabemos igualmente que elas poderão ser usadas por excesso o que, por consequência, poderá levar à tomada de más decisões – justamente, o que pretendemos evitar em cada ato consciente de nossa vida. O que ainda não sabemos é como as podemos usar na exata medida para melhorar o nosso comportamento.

No livro de 1996, bem como no artigo de 1998 "What makes a leader", publicado na *Harvard Business Review*, Goleman questionou o quociente de inteligência e as competências técnicas dos líderes como sendo as características mais importantes da liderança. As suas investigações apontavam para que, não obstante a inteligência analítica e matemática ter o seu grau de importância, a Inteligência Emocional pudesse ser a condição *sine qua non* para a boa liderança.

Mas o que é, então, em definitivo, a Inteligência Emocional? De uma forma simplista, poder-se-á dizer que somos emocionalmente inteligentes quando conseguimos ser inteligentes sobre as nossas emoções e com as emoções dos outros. Na Inteligência Emocional assume-se que podemos, conscientemente, lidar com as nossas emoções e com as dos outros, dar-lhes sentido e aproveitá-las eficazmente, não de uma forma isolada, mas conjugadas com a razão. É a ausência dessa conjugação – porque privado de um dos elementos estruturantes, a emoção – que tornou Elliot (que *sabe mas não sente*) diferente da maioria dos seres humanos (que *sabem e sentem*). Por isso Goleman (1995) nos propôs a teoria das *duas mentes*, segundo a qual temos, precisamente, duas mentes: uma que pensa (e que se ocupa do departamento da razão) e a outra que sente (e que se ocupa do departamento da emoção). Trata-se, em rigor, de duas maneiras diferentes de saber, de entender o nosso próprio modo de ser mas que estão sempre presentes em nós, em interação. Dessa forma, assentando o nosso modo de ser nas *duas mentes*, não conseguimos de uma forma premeditada não pensar e não ter emoções. Essas *duas mentes* tendem a trabalhar em equilíbrio para nos guiar na nossa ação.

> *Em condições normais as regiões do cérebro emocional e racional trabalham como uma equipe que funciona de forma harmônica: as emoções são importantes para o pensamento, os pensamentos são importantes para as emoções.* (Märtin e Boeck, 2007: 31)

As *duas mentes* constituem-se num sistema aberto e, portanto, são sujeitas a pressões exteriores. São as ameaças e as oportunidades do meio que as fazem tender para o equilíbrio, podendo, contudo, experimentar situações de caos. Estas acontecem quando existe um desequilíbrio, ou seja, quando uma das partes tende a superiorizar-se à outra. Por exemplo:

> *Uma simples palavra inadequada de um interlocutor, uma melodia que nos recorda uma relação passada e terminada, o odor de um bronzeador ou um olhar meigo podem ser o suficiente para desencadear sentimentos de ira, nostalgia ou ternura.* (Märtin e Boeck, 1997: 31)

Assim, quando a razão ignora a emoção ou quando a emoção toma conta da razão, a balança desequilibra-se, uma mente toma conta da outra, uma deixa de ter capacidade de intervenção e, ao fazê-lo, as probabilidades de erro na nossa atuação aumentam de uma forma exponencial. O que é decisivo no homem é sentir, não pensar. É por isso que, aqui chegados, saímos do "penso, logo existo" para entrarmos no campo do "sinto, logo existo".

A teoria das duas mentes – que, perceba-se, atuam num sistema complexo de pensamento, logo interligadas, inter-relacionadas e em interação constante, não sendo, portanto, possível separá-las ou descontextualizá-las sob pena de "Elliot deixar de ser Elliot" – pressupõe, portanto, o justo equilíbrio entre as duas, logo um estado estável da pessoa humana. A partir daí é possível "jogarmos" com e nas nossas emoções para delas tirarmos partido, podendo, então, sermos emocionalmente inteligentes.

Nunca é demais sublinhar aquilo que já afirmamos anteriormente. É certo que a teoria da Inteligência Emocional se pode aplicar em qualquer ato ou circunstância da nossa vida; contudo, o objeto deste trabalho centra-se na liderança e nos processos de comunicação e de interação em que ela se traduz.

## Liderança primal

Recordo-me de em março de 2005 me ter deslocado a Stamford Bridge, o estádio do Chelsea, para assistir ao encontro da Liga dos Campeões entre a equipe de José Mourinho e os espanhóis do Sevilha.

A meio da segunda parte já o Chelsea ganhava por 4 x 0, colocando em delírio os torcedores ingleses que enchiam por completo o estádio. Subitamente todos os espectadores, em uníssono, iniciaram um cântico com uma única frase: "*Stand up, stand up for the Special One*".* Ao mesmo tempo, todo o estádio se levantou e à medida que cantavam faziam uma vênia em direção a José Mourinho que continuava sentado no banco da equipe. Tal como José Mourinho, mantive-me sentado, olhando ao meu redor e contemplando o espetáculo proporcionado pela torcida do Chelsea. Contudo, não continuei sentado muito tempo... de súbito, um deles olhou para mim, com ar algo zangado, e, enquanto entoava os cânticos dirigidos a Mourinho, fazia-me sinal com as duas mãos para que, também eu, me levantasse e fizesse a devida vênia ao seu líder, o *Special One*. Foi o que fiz.

---

* "Levante-se. Levante-se para o *Special One*."

Serve este exemplo para dizer que "os grandes líderes nos emocionam. Acendem as nossas paixões e inspiram o melhor que há em nós. (...) [A] Grande Liderança baseia-se nas emoções" (Goleman *et al.* 2003) não, porém, num registro meramente/exclusivamente transitivo e manipulatório, mas a partir da base de toda a emoção criativa – neste caso, o coração do próprio líder. O que em nós, seguidores, provoca emoção é a emoção que esse alguém nos provoca. Os sentimentos que os líderes geram nos seus seguidores podem levá-los a superarem-se e a conseguirem resultados inesperados, simplesmente porque as pessoas confiam no seu líder e acreditam que, sob a sua liderança, os melhores resultados serão conseguidos. Por isso seguem--no, tantas e tantas vezes, de uma forma quase cega.

Relembremos, também e ainda, a derrota do FC Porto, em casa, com os gregos do Panathinaikos. No final do jogo, em que o FC Porto perdeu por 1 x 0, como bem se recordam, Mourinho disse aos torcedores do FC Porto e aos seus jogadores que nada ainda tinha acabado e que, na Grécia, seria para ganhar e passar a eliminatória rumo às semifinais. Os torcedores portistas acreditaram que assim seria e quando encontravam Mourinho na rua cobravam-lhe a promessa: "Nós vamos ganhar lá porque você prometeu". Os jogadores também acreditaram na promessa do seu líder e no segundo jogo venceram por 2 x 0 e seguiram em frente na eliminatória. Esse episódio ilustra a importância que assume a comunicação – que leva à empatia e ao carisma – entre líder e seguidores. O impacto da mensagem sobre o estado de espírito das pessoas é fundamental e, por isso, a consciência do papel das emoções nos seguidores – porque não há líderes sem seguidores – faz, muitas vezes, toda a diferença entre ser-se ou... não se ser líder.

É dessa forma que Vítor Baía recorda a importância do emocional em Mourinho como uma poderosa arma de condicionar e influenciar o mundo que gira à sua volta:

> *Ele retira o melhor dos seus jogadores através da sua liderança que, justamente, faz a diferença. A par disso está também o fato de conseguir ter um controle sobre áreas muito importantes, como por exemplo*

*a área dos recursos humanos. A parte psicológica e emocional das pessoas é muito bem tratada por ele, e ele foi pioneiro a usar essa área, a da psicologia, e a trazê-la para o esporte. É da conjugação das duas que se constrói a eficácia dele. Obviamente que ele é, igualmente, um estrategista nato que tanto funciona para o exterior como para o interior das suas equipes. Quando funciona para o exterior tem sempre uma estratégia eficaz: colocar em tudo uma grande carga emocional e resguardar e retirar a pressão a tudo o que pertence à equipe e está por detrás dele, e provocar nos restantes (adversário com que vamos jogar, o treinador adversário, a mídia etc.) várias brechas bem definidas que ele tenta atingir. Ao mesmo tempo, estas atitudes têm sempre uma ação para o interior, porque nessa "guerra" nós temos também que o resguardar, ou seja, temos de ir à "morte" com ele e ele prepara-nos para isso também. Ele no Porto teve a facilidade de ter uma equipe que por si só já era especial – nós no Porto já temos este tipo de cultura, somos guerreiros por natureza, somos pessoas que não se importam de "morrer" dentro de campo, que são solidários e essa é a cultura do clube. Ele ajudou-nos, naturalmente, a pôr em prática tudo isto que nós tínhamos aqui dentro. Ele ensinou-nos a operacionalizar melhor esta cultura de clube para conseguirmos potenciar o nosso jogo, a nossa confiança e o nosso rendimento. Portanto, este foi um dos pontos fortes dele.*

Assim, no desenvolvimento das suas ideias, Goleman, Richard Boyatzis e Annie McKee (2003) apresentam-nos no seu livro, Os novos líderes – a inteligência emocional nas organizações, um novo conceito: *liderança primal*. Defendem Goleman *et al.* que o "papel emocional do líder é primal – isto é, vem em primeiro lugar – em dois sentidos. É o primeiro ato de liderança e, ao mesmo tempo, é o mais importante" (Goleman *et al.*, 2003: 25). Ou seja, uma das principais ações do líder passa por conduzir as emoções coletivas dos seus seguidores de forma a conseguir resultados e efeitos superiores ao simples desempenho positivo das tarefas.

Esse aspecto, como veremos adiante, assume importância fundamental – a par de outros, tal como condicionar, igualmente, as atitudes e decisões dos adversários – na liderança de José Mourinho.

Também aqui o "todo" é diferente e mais valioso que a soma das partes.

Os seguidores, além da liderança simplesmente técnica – o líder é o que tem mais conhecimentos sobre a matéria em questão – procuram uma "relação de apoio emocional" (Goleman *et al.*, 2003), uma comunicação empática. Por isso, seja em que patamar for, desta ou daquela maneira, por este ou por aquele caminho, a liderança cruza-se sempre – como defendem Goleman *et al.* – com esta dimensão *primal*, o papel emocional do líder como primeiro e mais importante ato de liderança, uma vez que as pessoas, especialmente em ambiente de crise, necessitam e procuram sempre orientação emocional.

Essa dimensão, no entanto, insere-se e funciona no todo que é a Inteligência Emocional do líder. Essa sua virtude, na forma como conhece, entende e gere as suas emoções e as dos outros. Estamos falando de sistema aberto por oposição aos sistemas fechados. Nestes últimos não existe comunicação nem dinâmica interativa.

Clarificando, tomemos como exemplo o sistema circulatório do ser humano (Goleman *et al.*, 2003). O que está acontecendo no meu sistema não afeta o do meu vizinho. De todo não é isso que acontece no capítulo das emoções. Neste caso falamos em sistema aberto porque as emoções interagem entre os diversos indivíduos. A minha alegria ou a minha tristeza provocam – ou podem provocar – estados semelhantes ou alterações do estado emocional àqueles que comigo lidam diariamente. O mesmo princípio se aplica ao líder e à liderança na relação que mantém com os seus seguidores. Daí que devamos falar em contágio e, neste quadro, podemos entender as críticas de que Mourinho foi alvo, por parte dos seus seguidores, por não ter festejado com eles a vitória na Liga dos Campeões, quando a comitiva chegou ao Porto e desfilou pelas ruas da cidade enquanto o seu líder se refugiava em casa, longe dos festejos e das multidões (Lourenço, 2004).[16]

---

[16] Nessa altura, num episódio tão rocambolesco quanto real, José Mourinho foi ameaçado de morte, tal como divulgou a imprensa naquela época, e tal como Lourenço (2004) relata.

Para o bem e para o mal, todos olham para o líder, os holofotes estão sempre sobre ele e, dessa forma, o líder contagia não apenas pelo que diz, mas pelas emoções que provoca, as quais vão muito além das suas palavras. Seja em que situação for, cabe ao líder retirar das pessoas com quem trabalha o melhor que há nelas, para as tornar mais válidas, mais competentes e mais felizes. Quando o consegue, Goleman *et al.* (2003) dizem que o líder cria *ressonância*. Quando acontece o contrário o líder cria *dissonância*.

O que se pretende da parte da liderança é, pois, criar ressonância, e são muitas as formas de se transmitirem sentimentos que podem – ou não – criar ressonância. Assim se entende a ressonância que Mourinho criou nos torcedores do Chelsea, que, cantando em coro, se levantaram e fizeram a vênia ao *Special One*. Assim se compreende a ressonância que Mourinho criou, com um simples gesto, entre a massa associativa do FC Porto no final do encontro com o Panathinaikos, prometendo-lhes a vitória na Grécia, e muitos outros exemplos aqui se poderiam ainda dar sobre a liderança com ressonância que José Mourinho cria nos seus seguidores ou opositores. E uma vez que, sob o prisma dos opositores, ainda nenhum exemplo foi dado, julgo pertinente colocar aqui as palavras do próprio Mourinho, quando por mim questionado sobre o apelido que lhe foi colocado pela mídia britânica, justamente a este respeito: o *"Mind Games Master"*.

> *Eu não sei se sou ou não o* Mind Games Master *como eles diziam na Inglaterra. O que eu sei é que os* mind games *a mim não me afetam e como os* mind games *dos outros não me afetam deixam-me à vontade para ir à procura das fraquezas dos outros, se é que as há. Portanto, no que me diz respeito, digam o que disserem de mim, da minha equipe, dos meus jogadores, para mim, repito, é absolutamente igual. Não há um único comentário, uma declaração de um treinador, de um jogador adversário que me afete de alguma maneira ou que modifique a minha forma de pensar seja em relação àquilo que for. Ao contrário, eu já senti claramente, ao longo da minha carreira, que*

*tenho modificado comportamentos com aquilo que digo. Obviamente que não me refiro a toda a gente nem sempre, mas muitas vezes isso acontece e portanto acho que é um caminho a explorar e é isso que tenho feito.*

Fica claro, pois, que, em Mourinho, a imunidade aos *mind games* dos outros consubstancia o segredo da sua própria liderança: o poder vem-lhe de dentro e não de fora. Não são as circunstâncias a condicioná-lo, mas é ele que condiciona as circunstâncias.

E daí os efeitos que provoca igualmente nos seus jogadores, efeitos visíveis e extraordinários, como me contou Jorge Costa a este respeito:

*Ponto número um: ele, ao agir assim, libertava-nos de tudo e mais alguma coisa. Falo de pressão, do stress etc., porque é isto que se passa quando jogamos em grandes equipes, como era o caso do FC Porto. Portanto, o fato de ele comprar para ele todas essas guerras fazia com que nós, jogadores, estivéssemos à parte, afastados do acessório e concentrados, focados apenas no essencial que era o treino e o jogo.*

*Ponto número dois: como ele comprava as guerras, nós éramos "obrigados", para lhe corresponder, a ser os guerreiros. Ora, a resposta que nós dávamos a essas guerras, como guerreiros dele, era justamente no campo, batendo o adversário. Sentíamos que tinha de ser assim, era um comprometimento. Isto dito assim parece fácil, mas não é.*

*Para se conseguir é preciso criar um bom grupo, um grupo unido e disposto a tudo, e isto, como disse, não é fácil e mesmo o próprio Mourinho pode um dia encontrar um grupo em que não consiga toda aquela cumplicidade.*

## Domínios da inteligência emocional

De que forma, então, um líder consegue chegar a esse estado de graça, à liderança com ressonância ou, ainda, se quisermos, à liderança emocional eficaz? Goleman *et al.* (2003) nos falam em *domínios* da

Inteligência Emocional, dizendo-nos que eles são quatro,[17] a saber: autoconsciência, autogestão, consciência social e gestão das relações. Digamos que este é o terreno parcelar que o líder emocional terá de habitar. Metade desse terreno (os dois primeiros) compõe-se de *competências pessoais* e determina a autogestão da pessoa. A outra metade constitui-se pelas *competências sociais* que determinam a gestão das relações entre o meu eu emocional e os outros. Todos esses domínios estão interligados e interagem entre si através das suas várias competências associadas, que são dezoito. Não vou, nesta análise, rever em detalhe cada uma dessas competências. Não é o detalhe que necessito para o objetivo que pretendo atingir, ou seja, caracterizar a liderança de José Mourinho. Por isso apenas as irei enumerar no âmbito dos domínios acima enunciados.

A autoconsciência, cujas competências associadas são a autoconsciência emocional, a autoavaliação e a autoconfiança, traduz-se na capacidade que temos de nos conhecermos a nós próprios, enquanto seres com qualidades, defeitos, limitações, ambições, motivações e valores. Só conhecendo-nos a nós próprios e às nossas emoções poderemos estar aptos a conhecer os outros e as suas emoções. Pode considerar-se assim a autoconsciência como a base da Inteligência Emocional.

A autogestão compreende as competências do autodomínio emocional, transparência, capacidade de adaptação, capacidade de realização, capacidade de iniciativa e otimismo e é uma derivante da autoconsciência (Goleman *et al.*, 2003). Baseia-se na energia que os líderes necessitam para atingir os seus objetivos. O líder tem de controlar as suas emoções – neste caso emoções negativas ou perturbadoras que são aquelas que produzem sentimentos negativos por oposição aos positivos, que são o melhor que há em nós – para delas não ficar refém. Dessa forma se entende que o estado de espírito dos líderes não pertence apenas à sua esfera pessoal de comportamento já que, como

---

[17] No início dos seus estudos Goleman apontava cinco domínios da IE: autoconsciência, autogestão, motivação, empatia e aptidão social.

atrás foi referido, devido ao contágio emocional do líder as suas emoções têm consequências no domínio da sua equipe e do público. Por isso, "nenhum líder é capaz de gerir as emoções dos outros se não for capaz de gerir as suas próprias emoções" (Goleman *et al.*, 2003: 66).

Na consciência social encontramos como competências associadas o espírito de serviço, a consciência organizacional e a empatia, sendo esta última, claramente, a mais importante. Esse é o domínio fundamental para gerar ressonância, assim se entendendo a importância da empatia. Em sintonia com os seguidores o líder poderá decidir sobre a melhor maneira de aproveitar as emoções dele e as dos outros. Poderá conter tensões ou dividir alegrias, aplacar otimismos ou aliviar pessimismos, enfim, poderá e deverá gerar os equilíbrios que sirvam as tarefas.

Por fim, a gestão das relações engloba a liderança inspiradora, a influência, a capacidade de desenvolver os outros, a catalisação da mudança, a gestão de conflitos, a criação de laços e o espírito de equipe e colaboração. A gestão das relações começa com a autenticidade – ser honesto, verdadeiro, fazer o que se diz e dizer o que se faz –, uma característica fundamental para a relação com os outros. Um líder autêntico inspira confiança e esta facilita a capacidade de persuasão, a gestão dos conflitos, a disposição para a mudança e a própria colaboração dos seguidores e, desta forma, torna-se mais fácil – e mais eficaz – o entusiasmo geral à volta de um projeto comum.

## Estilos de liderança emocional

A Inteligência Emocional eficaz implica todos aqueles domínios, pois a generalidade das suas competências deverá e terá de ser usada. No entanto, é a personalidade – o conjunto de características individuais únicas – de cada um que faz com que esse todo seja utilizado, atue, em dosagens diferentes. É este dosamento, ou seja, a capacidade de o líder usar, ou socorrer-se mais deste ou daquele aspecto, em maior ou menor grau, nesta ou naquela circunstância, que produz os diferentes estilos de liderança.

Goleman *et al* (2003) propõem-nos então seis estilos de liderança que não são, contudo, estanques, no sentido de para cada líder corresponder apenas um estilo de liderança. Um líder pode, de uma forma marcante, ser seduzido por um estilo, mas nada o impede, na prática, em determinado momento, sob certas circunstâncias, de atuar mais de acordo com outro estilo que possa produzir resultados mais eficazes. Este aspecto ajuda-nos a perceber um outro tipo de divisão. Dos seis estilos, quatro deles – visionário, conselheiro, relacional e democrático – são geradores de ressonância. Os outros dois – pressionador e dirigista – tenderão a produzir dissonância, excetuando situações muito específicas.

**Estilo Visionário** Talvez a característica mais importante do líder visionário seja inspirar os seus seguidores. Contudo, o seu segredo está na forma como o faz. Esse tipo de liderança encontra suporte na forma como exprime os seus objetivos. Porque o que vale para os outros vale para si próprio, este líder sintoniza-se com os seus subordinados porque partilha os mesmos valores, logo é autêntico. Assim, não lhes incute ideias e fins sem que eles os descubram por si mesmos, e neles genuinamente acreditem, embora, obviamente condicionados pelo caminho que o líder lhes propõe e pelos objetivos a atingir.

O líder visionário leva os seguidores a realizarem as suas tarefas de uma forma envolvente, ou seja, deixa-lhes espaço para que sejam eles a descobrir um caminho que ele próprio já imaginou. Com Mourinho é isto mesmo que se passa com a técnica que apelidou de *Descoberta Guiada*. A sua autenticidade e partilha dos valores que apregoa está bem expressa quando, depois da derrota com o Panathinaikos, ele disse aos seus jogadores: "Nós vamos lá dar a volta à eliminatória e se alguém aqui não acredita que é possível ganhar lá e passar às semifinais que o diga já, porque fica aqui e eu vou para a Grécia com outro" (Lourenço, 2004: 151).

**Estilo Conselheiro** Este estilo encontra muito do seu fundamento na capacidade relacional do líder com cada um dos seus subordinados.

O líder vê o homem para além do profissional e interessa-se pelo seu bem-estar dentro e fora do trabalho. Conversa, ouve e aconselha de uma forma individual, porque cada ser humano é uno e diferente. Goleman considera que esse estilo não é muito praticado na atualidade, sendo, no entanto, um estilo capaz de gerar ressonância, já que os líderes conselheiros, ao estabelecerem ligações, ajudam as pessoas a identificar os seus pontos fortes e fracos, criando uma ligação direta e efetiva ao seu desempenho. Não sendo talvez o seu ponto forte, José Mourinho pode, também aqui, encontrar alguma fundamentação da sua liderança. Podemos perceber isso nas palavras de Desmond Morris:[18]

> *Mourinho identifica-se mais com a sua equipe do que qualquer outro treinador. Ele está apaixonadamente envolvido com eles. (...)*
> *[D]iscordo ligeiramente do retrato que fazem dele como um pai para os seus jogadores. Ele é mais como um irmão mais velho. Ou o chefe do bando.* (Morris *in* Barclay, 2006: 157-8)

**Estilo Relacional** Este estilo caracteriza-se pela partilha de emoções. O líder celebra e o líder chora. Coloca a ênfase no ser humano e nos seus sentimentos mais que no profissional e, ao fazê-lo, gera grandes laços de fidelidade e relacionamento. É, no entanto, um estilo de liderança que não melhora de uma forma direta o desempenho das pessoas. Embora Mourinho se emocione com os seus jogadores, não podemos considerá-lo um líder relacional, já que ele raramente admite erros e procura sempre de uma forma direta o aperfeiçoamento individual e coletivo, sendo isto, para ele, o mais importante. Não dissocia, portanto, numa perspectiva complexa, a felicidade pessoal do desempenho pessoal, tal como se percebe das

---

[18] Autor do célebre *best-seller O macaco nu*.

palavras do jogador do Chelsea, Joe Cole: "Ele é a primeira pessoa a olhar a sério para mim e para a minha maneira de jogar" (Cole *in* Barclay, 2006: 142).

**Estilo Democrático**  O líder democrático, tal como o próprio nome indica, recorre aos contatos pessoais, à discussão, à partilha de ideias e às sugestões. Ele o faz em reuniões, que podem ser ampliadas, e ouve as preocupações dos participantes. Ao ouvir os outros, encontra grande parte do fundamento do seu próprio processo decisório. Cria um clima emocional globalmente positivo e funciona melhor se o líder tiver dúvidas. Pela própria personalidade, conhecimentos técnicos e competência de José Mourinho não o enquadramos diretamente neste estilo de liderança, como a análise final comprovará.

Estes quatro estilos de liderança que acabei de enunciar geram, em maior ou menor grau, ressonância. Vejamos agora, numa breve descrição, os dois estilos que deverão ser usados com muito cuidado ou o seu resultado final poderá ser desastroso, porque gerador de dissonância.

**Estilo Pressionador**  É um estilo de atuação utilizado em determinados contextos porque não traça linhas claras de atuação. Quase sempre o líder está focado nos objetivos, deixando para um plano completamente secundário as pessoas, o que poderá ter como resultado – e, a médio/longo prazos, tem certamente – a dissonância. Contudo, como referimos, num contexto determinado e em doses moderadas, a pressão pode levar a desempenhos positivos. É um estilo que pode ou não identificar-se com José Mourinho. Lembremo--nos da sua entrada no Estádio da Luz para o jogo Benfica/Porto em 2003, antes dos seus jogadores, como forma de os aliviar da pressão exercida pelos adeptos benfiquistas. Mourinho tenta sempre retirar a pressão – ou demasiada ou não apropriada pressão – dos que consigo trabalham. No entanto, a pressão em causa neste exemplo é algo que vem do exterior da equipe, não é exercida pelo líder. Quando falamos na pressão exercida pelo líder – e aqui o enquadramento no estilo pressionador já será mais correto –, então podemos afirmar que José Mourinho se encaixa também neste estilo de liderança. A comprovar esta análise estão as palavras de Rui Faria: "Quem vive profissionalmente com ele tem de saber viver com grande pressão e ao mesmo tempo tem de dar resposta positiva. A pressão que José Mourinho exerce sobre o seu grupo de trabalho é feita de um modo muito particular em função das diferentes situações". Mourinho pressiona os jogadores, desfiando-os constante e consistentemente, a dar o máximo deles próprios, a superarem-se, a serem os melhores.

**Estilo Dirigista** Este estilo de liderança preconiza a obediência cega, o que o liga a uma forma eminentemente coerciva de estar na vida. Na sociedade atual é o menos aceitável e tolerável, podendo, no entanto, ser aceito em situações muito esporádicas, como, por exemplo, face a ameaças.

Não resisto, antes de terminar este capítulo, de transcrever aqui as palavras de Deco que, de uma forma quase perfeita, encaixam e ilustram tudo o que foi anteriormente dito acerca da Inteligência Emocional de Mourinho. Trata-se da visão de Deco acerca da atuação emocional de Mourinho ilustrada com uma deliciosa história. Vale a pena ler com atenção e esboçar, no fim, um sorriso.

> *Eu tive outros treinadores que ao nível, por exemplo, da motivação eram e são muito bons, mas o Mourinho conseguiu algumas coisas que os outros não conseguiram. Ele, em muito pouco tempo, conseguiu conhecer individualmente todos os jogadores e a sua personalidade. Portanto, num grupo há que ter a percepção do grupo, saber a forma como o grupo funciona no seu todo para o poder motivar e depois tem de se ter aquela percepção natural do indivíduo isoladamente, saber como ele funciona para poder, também aí, haver motivação, mas agora já de carácter individual. No fim, é saber como o jogador reage perante as situações para agir de acordo com isso e retirar o melhor que o jogador tem para dar. Trata-se aqui, também, de fazer uma gestão psicológica do jogador.*

— *Tem algum exemplo para me dar dessa gestão psicológica?*
— *Sim, posso dar-lhe um exemplo de um jogador que era muito característico: o Maniche. Antes de um jogo importante, por exemplo, um encontro da Liga dos Campeões, e em que o Mourinho sabia que precisava dele, porque ele era um jogador fantástico, dos melhores daquela equipe do FC Porto, um ou dois jogos antes no campeonato, o Mourinho tirava-o da equipe e sentava-o no banco. O Maniche era um jogador muito explosivo e ficava "cego" por ir para o banco, resmungava, dizia mal da vida e do treinador etc. etc. etc. Eu entendia tudo aquilo mas não dizia nada. Entendia o que o Mourinho queria provocar no Maniche e o fato é que conseguia sempre o efeito pretendido. O Maniche ficava "cego" e depois, na altura de regressar, revoltado com a situação, ia sempre com a ideia de fazer o melhor jogo da vida dele. E o Maniche nunca conseguiu perceber que era isso que o Mourinho pretendia, mas também não era para saber, senão, perdia-se o efeito que se pretendia.*
— *O Mourinho na Inglaterra era conhecido como o* Mind Games Master. *Pode dizer-se que ele jogava com as vossas emoções?*
— *Sim, pode. Ele conseguia ter a percepção de como cada um funcionava e usava isso em prol do grupo. Às vezes ele até provocava situações de stress em determinado jogo, mas sempre com um qualquer objetivo.*

Ficou assim revista a teoria da Inteligência Emocional, a qual, sob a perspectiva da complexidade, constitui uma das bases teóricas de todo o trabalho desenvolvido por José Mourinho. Mostrei que a sua principal noção – a emoção – é algo intrínseco ao nosso ser. A Inteligência Emocional nos diz que devemos ser inteligentes sobre as nossas emoções e as dos outros, noção que se aplica com maior intensidade aos líderes.

# 5 INTELIGÊNCIA CONTEXTUAL

*Nenhuma generalidade vale absolutamente nada, incluindo esta.*
**Oliver Wendell Holmes *in* Kelly (2009: 17)**

*Não basta conquistar a sabedoria, é preciso saber usá-la.*
**Cícero – filósofo (106 – 43 a.C).**

O conceito de Inteligência Emocional vem sendo desenvolvido por muitos estudiosos, de tal forma que ele, inclusive, já passou para outros campos da, se quisermos, inteligência. É dessa forma que encontramos já o conceito de Inteligência Contextual e que, julgo, se enquadra na forma de ser, estar e liderar de Mourinho.

Como já afirmei, vivemos numa era de mudança, o que nos obriga, e por maioria de razão obriga o líder, a constantes ajustamentos à realidade. Com realidades diferentes, os mercados mudam e com eles as visões a as estratégias são sujeitas a frequentes alterações. Trata-se, portanto, de criar estratégias inteligentes de acordo, ou ajustadas, a cada situação, de as ir alinhando com o sempre renovado futuro que cada dia nos coloca em tempos de mudança ou turbulência. Esta ideia numa frase curta? Ir nivelando a mira à medida que o alvo se vai deslocando. Essa ideia só é concretizável se diagnosticarmos e entendermos o contexto no qual nos inserimos. Por isso, Anthony Mayo e Nithin Nohria, da Harvard Business School, citados por Nye Jr. (2008: 121-122), definiram Inteligência Contextual como "a capacidade de compreender um ambiente em evolução e de tirar proveito das tendências".

Esses pesquisadores se preocuparam em explicar as razões pelas quais determinadas empresas conseguiram se adaptar aos novos mercados e outras não, concluindo que se fundamenta na intuição do líder a antecipação de novas táticas para novos objetivos em tempos de mudança. É, de resto, com base nessa intuição que se justifica o aparecimento desse conceito, caso contrário, já teríamos as teorias contingenciais a explicar e a justificar a liderança no contexto. Segundo Nye Jr.:

> *[A] Inteligência Contextual envolve as capacidades de discernir tendências em contextos complexos e de adaptabilidade aos mesmos. (...) Os líderes com Inteligência Contextual têm a capacidade de fornecer um sentido ou uma linha orientadora mediante a definição do problema que o grupo enfrenta. (...) A Inteligência Contextual implica a utilização do fluxo dos acontecimentos para a implementação de uma estratégia. Permite aos líderes ajustar o seu estilo a cada situação e às necessidades específicas dos seus seguidores, bem como criar fluxos de informação que possam complementar as suas intuições.* (Nye Jr., 2008: 124-125)

Quanto a Mourinho, revelou toda a sua Inteligência Contextual, por exemplo, quando chegou ao Chelsea por comparação com a sua chegada ao FC Porto. Se bem estão recordados, a sua aparição no FC Porto foi feita com a promessa: "Para o ano que vem vamos ser campeões". Mourinho fez essa promessa por uma simples razão. Em Portugal, os portistas estavam habituados a ganhar, era uma norma no clube ganhar, portanto, era regra todos os anos lutar pelo título nacional. Ao prometer o título Mourinho não fez mais que respeitar o contexto dos últimos vinte anos, não obstante o clube estar há dois anos e meio sem ganhar nada. Esse era um pormenor no meio do contexto.

Quando chegou ao Chelsea o contexto era completamente diferente. Na sua história, o clube londrino apenas tinha ganhado um campeonato inglês e essa glória tinha acontecido... cinquenta anos antes. Dessa forma, o contexto não era de vitória, ganhar não era um hábito e a promessa, além de criar pressão nos seus jogadores, poderia ser traiçoeira.

Vejamos, no relato de Frank Lampard, como Mourinho lidou com o novo contexto. Acabado de chegar à Inglaterra, no ano de 2004, Mourinho declarou aos jornalistas ingleses que o objetivo, para essa temporada, não passaria pela vitória na liga inglesa, já que essa época iria ser de adaptação. No entanto, não foi isso que disse aos seus jogadores:

> *You will read in the press and hear in the media me saying that I don't expect us to win the league in my first season. I want you to be very clear that I have said this only to keep the pressure off all out of us.\**
> (Mourinho *in* Lampard e McGarry, 2006: 322)

Com um outro enfoque, também as palavras de Deco vão ao encontro da valorização da Inteligência Contextual de Mourinho.

> *Um treinador tem de ser um líder. O Mourinho tem isso cem por cento. Contudo, acho também que um treinador precisa ter outras qualidades para poder ser um treinador de sucesso, precisa dominar vários aspectos e o Mourinho é bom em todos esses aspectos, ou seja, para enumerar alguns deles, começarei pelo controle sobre a imprensa, também o saber criar um ambiente favorável aos jogadores, saber motivá-los e ao mesmo tempo aliviar-lhes a pressão exterior, gerir as questões do dia a dia dos jogadores, cada um com o seu caráter, a sua personalidade, os seus problemas num grupo de 25 integrantes não é fácil, tem de estar muito atento ao detalhe... Então, acho que Mourinho tem essa vantagem, não só treinar muito bem em termos táticos, em termos de preparação de jogos etc., como também na questão cultural onde está inserido – ser treinador na Inglaterra é uma coisa, na Espanha é outra e na Itália é outra e por aí fora... –, e ainda nas restantes questões que acabei de enunciar e que têm a ver com aquilo que é preciso para se ser um líder. Se juntarmos tudo isso conseguimos compreender o sucesso que ele tem tido ao longo da vida.*

---

\* "Vocês lerão nos jornais e me ouvirão dizendo na mídia que eu não espero que ganhemos a liga em minha primeira temporada. Quero que vocês tenham absoluta certeza de que eu disse isso apenas para dissipar a pressão em todos nós."

Um outro exemplo pode ainda ser dado e refere-se aos países por onde passou como treinador principal. Em todos eles (Inglaterra e Itália, excluindo aqui Portugal por motivos óbvios) Mourinho apresentou-se falando a língua pátria e, se no caso inglês, ele já conhecia o idioma, no caso italiano ele teve um par de meses para o aprender... e aprendeu, pelo menos o suficiente para entender e se fazer entender.

# 6 EQUIPES

*Certa noite, vindo de um concerto, encontramos um amigo nosso músico que nos perguntou: 'De onde é que vêm?', ao qual nós respondemos: "Estivemos num concerto de uma orquestra famosa." Ele nos olhou e fez nova pergunta: "E eles tocaram em conjunto ou apenas ao mesmo tempo?"*
**Binney et al. (2009: 41)**

Tudo o que acabei de escrever e descrever sobre a liderança de José Mourinho mais uma vez não pode ser lido e interpretado de uma forma descontextualizada. Trouxe-lhe aqui, leitor, a liderança de Mourinho que, contudo, só existe porque, conforme foi salientado, existem seguidores dispostos a segui-lo e aos quais ele aplicou os seus princípios de liderança. Ou seja, ao liderar, José Mourinho influenciou e, ao influenciar, "conduziu", conforme a sua própria terminologia. Esses liderados, que ele conduziu, transformaram-se em equipes de alto rendimento.

Qual é, então, o valor do grupo/equipe[19] por comparação ao valor das suas individualidades, já que só pela equipe se chega ao alto rendimento?

Para Mourinho, já anteriormente o disse de uma forma clara, a ideia central é tornar o grupo mais valioso que a simples soma das partes. Digo eu: é justamente essa a mais intrínseca natureza dos grupos, tenham eles o propósito que tiverem, pelo menos no esporte. Hoje, nada se consegue individualmente; só reunidas as equipes permitem realizações que não estão ao alcance de um integrante por si só. A equipe tem uma mais-valia relativamente à simples soma das partes. Contudo, não basta juntarmo-nos para formar uma equipe.

---

[19] Não cabe, no objeto deste estudo, a distinção entre Grupo e Equipe. Vamos, por isso, tratar este tema sempre com a mesma terminologia sabendo que, no caso concreto, estamos nos referindo a equipes de alta competição ou alto rendimento, justamente aquelas que José Mourinho treina.

Poderei assim, e levando em conta toda a vastíssima literatura que essa temática provoca, optar por uma definição simples e que reúne os integrantes que julgo essenciais ao enquadramento do tema.

> *Uma equipe reúne pessoas dirigidas para um objetivo comum e que operam de forma perfeitamente estabelecida. Define-se como um grupo de indivíduos, organizados em conjunto, conduzidos por um líder e funcionando, num interior de um contexto, no sentido de um mesmo objetivo.* (Devillard, 2001: 33-4)

Essa definição envolve as noções de pessoa em ambiente de equipe; que necessita de um líder; com um objetivo claro e definido; e que utiliza práticas certadas de atuação.

Contudo, entendida a equipe dessa forma, não hesito em rotulá--la de "organismo vivo", já que ela age e produz a partir de interações, inter-relações, conexões, diálogos, comunicação. É assim que a equipe ganha vida própria e se torna organismo vivo. É assim que ela cria história e gera sentido de futuro. Aquilo em que ela se transforma como um todo, foge, assim, à vontade dos seus membros individualmente e o que eu quero ou ambiciono pode não ser o que quer e ambiciona a equipe; e se for por este caminho pode ser outro e não aquele que eu pretendo. Isso vale para mim ou para qualquer um dos outros membros individualmente. E assim a equipe torna-se um organismo vivo que se vai transformando e evoluindo ao longo do tempo, vai criando a sua cultura e a sua própria personalidade independentemente das vontades individuais. E assim a equipe vai sendo sempre algo mais, muito mais, que a simples soma das suas partes.

Por isso, as partes podem, inclusive, ser apenas "relativamente" relevantes quando comparadas com a mais-valia que a equipe acrescenta ao simples valor das partes. Dessa forma, entende-se Mourinho ao afirmar que só o todo lhe interessa, e entendem-se também as palavras do baterista da banda U2, Larry Mullen, em entrevista à estação de televisão SIC, quando lhe perguntaram qual era o segredo da eficácia e do sucesso do U2:

*Nós, na banda, somos sócios, parceiros, e trabalhamos como tal. Por isso, trabalhamos juntos e partilhamos, em todos os níveis, as escritas das músicas, enfim, tudo... Mas eu sempre disse que, embora nenhum de nós tivesse grande maestria musical, como acontece, por exemplo, com as grandes bandas de R&B, o que temos é a capacidade de estar/ trabalhar numa banda.*

Estamos falando de uma das bandas atualmente com maior sucesso em todo o mundo. Estamos falando de uma banda com trinta anos, que já ganhou mais de sessenta prêmios e vendeu cerca de 145 milhões de discos em todo o mundo. Estamos falando de sucesso e longevidade. Pois bem, Larry Mullen até acha que os integrantes do U2 nem sequer são músicos de grande qualidade. Como ele afirmou, o que os faz grandes, o que os distingue, o que lhes dá êxito é "a capacidade de trabalhar numa banda". Isso quer dizer que não são os melhores que fazem as grandes equipes; afinal, são as grandes equipes que fazem os melhores, entendidos estes como aqueles que atingem e mantêm o sucesso.

Numa outra perspectiva, também Mourinho se alinha com o U2:

*O que de mais forte uma equipe pode ter é jogar como uma equipe. Mais importante do que ter um grande jogador ou dois grandes jogadores é jogar como uma equipe. Para mim, isto é muito claro: a melhor equipe não é a que tem melhores jogadores, mas aquela que joga como equipe.*

*Jogar como equipe é ter organização, ter determinadas regularidades que fazem com que, nos quatro momentos do jogo, todos os jogadores pensem em função da mesma coisa ao mesmo tempo. Mas isso só é possível com tempo, com trabalho e com tranquilidade. Porque uma coisa é os jogadores perceberem e tentarem fazer aquilo que eu quero e outra é conseguirem fazê-lo enquanto equipe. Isso demora tempo.* (Oliveira et al., 2006: 191-2)

Ora, é esse tipo de consciência que nos parece muito bem fundamentado no U2. Provavelmente nunca estudaram equipes nem liderança, mas a sua "práxis" leva-os à assimilação do que é importante, "a capacidade de trabalhar numa banda", muito mais importante que a sua "maestria musical" individual que não é, segundo Larry Mullen, comparável a outras grandes bandas.

Também por isso posso incluir aqui as palavras de Didier Drogba a respeito de José Mourinho, na sua autobiografia:

> *Mourinho isn't a coach who trains players, he takes on people who are ready to adhere to his philosophy. What's more, they're not necessarily the best players in the world.*\* (Drogba, 2008: 152)

E fica, assim, compreendido por que é que a equipe vale mais do que a soma das partes e por que é que os melhores integrantes podem não conseguir gerar as melhores equipes. Porque é que os "galácticos" do Real Madrid nunca ganharam nada e os "desconhecidos" do FC Porto ganharam tudo.

É, justamente, à luz da liderança de Mourinho e dos princípios anteriormente enunciados que vou, agora, abordar a temática da equipe de alto rendimento criada por José Mourinho. No fundo, trata-se de responder à pergunta: afinal, que tipo de seguidores e, por simpatia, de equipe provoca o modelo de liderança de José Mourinho?

## O primeiro "Grupo Mourinho"

Foi na temporada de 2002/03 que José Mourinho construiu, pela primeira vez, desde a base e à sua maneira, uma equipe para uma temporada. Nesse caso a equipe do FC Porto. Ficou com alguns jogadores que tinham atuado na temporada anterior (os que, não escolhidos por ele porque não tinha iniciado a temporada, mesmo assim considerou que lhe davam garantias de um bom trabalho) e

---

\* "Mourinho não é um técnico que treina jogadores, ele escolhe pessoas que estão prontas a aderir à filosofia dele. E mais, elas não são, necessariamente, os melhores jogadores do mundo."

os que foi contratar, especificamente, de alguns clubes de segunda linha – entendida aqui segunda linha no sentido de que são clubes que não lutam pelo título –, como foram os casos, por exemplo, de Paulo Ferreira do Vitória de Setúbal, Pedro Emanuel do Boavista e Derlei, Tiago e Nuno Valente do União de Leiria. Foi, dessa forma, uma equipe construída quase do zero, com muitos jogadores novos e que, portanto, não se conheciam.

Os primeiros dias de uma das campanhas mais gloriosas de sempre do FC Porto estavam começando e me foram relatados pelo próprio Mourinho, na sua biografia, no capítulo intitulado "O meu grupo":

*A primeira semana de trabalho foi muito importante porque os jogadores que tinham ido ao Mundial [da Coreia e Japão] ainda não tinham regressado e esses eram grande parte daqueles que haviam atuado na temporada passada, logo os que tinham jogado no Porto e, portanto, os que eu já conhecia. Tive, assim, uma semana de trabalho apenas com os novos jogadores. Considero que foi muito bom para eles que isso tivesse acontecido. Permitiu-lhes entrar no grupo e nos métodos de trabalho sem a pressão dos colegas de maior "peso". Isto foi importante ao nível das hesitações comportamentais que os novos sempre manifestam. Sem os "velhos" eles abriram-se mais, foram mais genuínos, o que, para o conhecimento que eu necessitava fazer deles, foi altamente positivo.*

*Por outro lado, no que concerne à minha metodologia, pude começar com eles do zero. Com os outros seria mais complicado. Imagine um exercício que para os "velhos" era uma rotina e para os que chegaram algo de novo. É o mesmo que ensinar inglês numa sala onde há alunos novos e outros já com grau avançado da língua. Ora, no caso concreto, a ausência de uns foi benéfica para os restantes. Conseguimos ir à essência dos meus exercícios e do próprio vocabulário que às vezes utilizo.*

*Depois, quando os outros chegaram, seguimos para França, para o estádio de Saint-Étienne. Ao fim de três dias de trabalho comecei logo a ter o* feedback *dos mais antigos: "Mister, há aqui na rapaziada nova muita qualidade. Mais, a criançada é muito boa gente...".*

E José Mourinho começou a perceber que estava ali para construir um grupo sólido, coeso e com futuro. A ideia saiu reforçada ao quinto dia de estágio.

> Nesse dia dei-lhes a tarde completamente livre e ainda o jantar.
> A única coisa que lhes impus foi a hora de entrada no hotel, às 23:00. Não os vi sair, mas comecei a vê-los entrar. Estava com os meus assistentes no hall do hotel à espera que o pessoal aparecesse. É normal, nesses casos, haver atrasos porque há sempre jogadores que preferem pagar uma multa para poderem chegar um pouquinho mais tarde. Enganei-me. Faltavam mais ou menos 20 minutos para as 11 da noite quando vejo um táxi chegar com o primeiro grupo de jogadores. Logo a seguir chegaram todos os outros de uma vez só. Fiquei surpreso não só por terem aparecido muito antes da hora marcada, mas também por terem chegado todos ao mesmo tempo. Perguntei, então, ao Jorge Costa, que passava por mim naquele momento:
> – Jorge, o que aconteceu?
> – Fomos todos juntos e temos aqui um grande grupo, Mister.
> (Mourinho *in* Lourenço, 2004: 123)

E esse grupo foi capaz de alcançar feitos tão notáveis quanto inimagináveis. Nos dois anos seguintes, não só, em nível interno, venceu os dois campeonatos nacionais e uma taça de Portugal, como em nível externo, conquistou a Taça UEFA e a Liga dos Campeões.

## A equipe como um todo

Em Mourinho, a noção de equipe/grupo é vista à luz da complexidade, daí resultando que a equipe não é apenas o somatório das partes que o compõem. Ela é mais do que isso, mas, essencialmente, não é isso (a soma das partes). A equipe (o todo) existe em si mesmo como entidade e não é a soma ou a junção de outras entidades menores (partes).

Imaginemos, então, um grupo de onze pessoas a constituir-se como uma equipe de futebol qualquer. A determinada altura muda o treinador – se quisermos, o líder –, que traz com ele novas ideias, novos processos, novas formas de trabalho, até, novos objetivos. Por quê? Porque, embora as pessoas sejam exatamente as mesmas, a equipe, essa, já é diferente. E por quê? Porque as conexões, as relações – profissionais e pessoais – entre elas mudaram, logo o "todo" surgiu diferente, com outra interação, logo, com outra identidade. Olhando apenas as partes, o grupo se manteve inalterável, no entanto, ao olharmos o "todo" podemos constatar que ele mudou substancialmente.

Essa noção entronca no que ficou descrito quando me referi ao projeto do genoma humano. Tal como o ser humano, também o grupo se distingue, se materializa e se compreende pelo seu todo complexo, e não pelas partes divididas e separadas. Mais, do grupo poderão emergir características que não se encontram em nenhuma das partes individualmente, no entanto, elas existem...

Daí a resposta de José Mourinho quando lhe foi perguntado qual é a sua filosofia de treino:

> *Bem, eu sou um "treinador de equipe" e costumo dizer, em primeiro lugar, que eu não ensino os meus jogadores a jogar futebol, eu ensino-os a jogar em equipe. Depois, como segundo objetivo, pretendo sempre que o todo seja sempre muito mais que a soma das partes, portanto, eu sou, repito, um "treinador de equipe". Mas não me esqueço que trabalho com indivíduos, seres humanos. E cada jogador é um homem diferente, cada um com a sua personalidade, a sua forma de ser e de estar, até com um corpo diferente e, por causa disso, necessito também de olhá-los e trabalhá-los individualmente para deles retirar o máximo de eficácia em prol do todo/equipe.*

De resto, e na lógica de inclusão com que temos vindo a caracterizar o trabalho de José Mourinho, em que nada é separado ou descontextualizado, é preciso notar como os seus exercícios em treino já são pensados e direcionados para a construção e o fortalecimento do espírito de equipe, ou seja, uma espécie de *team building*, que nas organizações comuns é uma tarefa encomendada a outras empresas especializadas, e que se realiza em dias separados do contexto do trabalho diário. Em Mourinho surge naturalmente integrada no trabalho do dia a dia da sua equipe. Vamos a três exemplos:

**Exercício 1** Mourinho coloca 10 jogadores para jogar contra outros 10 (o número aqui é irrelevante). Ao seu apito sai um integrante de uma equipe e tem de contornar um objeto que está a uma distância considerável. Logo a seguir novo apito e sai outro jogador da mesma equipe. Essa situação faz com que a equipe fique com menos dois jogadores momentaneamente. Ficarão menos tempo quanto mais rápidos os jogadores forem contornar o obstáculo. Este exercício, além de obrigar à gestão do tempo dos que ficam (é diferente se estiverem na posse da bola ou sem ela, se estiverem ganhando ou perdendo etc.), obriga aos que saem um esforço suplementar em prol da equipe e ao seu sacrifício, já que, quanto mais rápidos forem, mais cedo regressam à equipe, logo, menos sacrificam os seus colegas que ficaram jogando com menos dois integrantes.

**Exercício 2** Tal qual em um jogo, a regra é simples: um jogador que tenha a bola só pode dar um toque nela, o seguinte pode dar os toques que quiser e assim sucessivamente. O que permite este exercício? Que o jogador que tem a bola tente sempre se preocupar com seu colega e não consigo próprio. Se ele der apenas um toque possibilita sempre ir adiando a parte difícil que é, justamente, dar apenas um toque. Assim, se eu passar logo a bola ao primeiro toque o meu companheiro poderá dar os que quiser até voltar a passar, logo, não se encontrará na situação limite de só poder dar um toque porque eu já dei vários.

**Exercício 3** Em um outro jogo, os canhotos só podem jogar com o pé direito e os destros só poderão jogar com o pé esquerdo. Isso obriga a que se tenha sempre como principal preocupação passar a bola aos companheiros em situação ideal para o pé que eles têm mais dificuldade. Ao jogar, deve-se pensar no companheiro e na forma como passar a bola.

Daqui poderemos retirar dois ensinamentos básicos que, uma vez apreendidos, conduzem à eficácia da liderança: as pessoas são complexas e as pessoas são diferentes.

Serve essa introdução, quanto a mim bastante elucidativa, para situarmos a análise do grupo de Mourinho como ele o vê e como ele o constrói, necessariamente diferente da análise de outrem que olhe para o grupo por um ângulo reducionista. Assim se entende, igualmente, a perspectiva com que Mourinho olha para seu grupo: ele é, tal como o próprio o afirma, mais importante que qualquer parte e, por isso, sacrifica qualquer parte pelo grupo. É, pois, por esse motivo que a "estrela" é o grupo e não um jogador qualquer, ou, dito de outra forma, todos os seus jogadores são iguais perante o grupo e o grupo que é muito mais e diferente que a soma das partes, esse sim, é a verdadeira estrela, é ele que atinge – ou não – os objetivos. Por isso, e referindo-me ainda ao exemplo que abre este capítulo, a escolha dos integrantes do grupo tem de ser totalmente abrangente, não importando, apenas, as qualidades profissionais dos integrantes em questão:

> *Agora, na caravana portista, não entravam apenas os bons jogadores. Com José Mourinho optou-se por fazer também uma análise cuidada às qualidades morais dos homens. Tanto quanto bons jogadores, procurou-se por bons homens, porque, sendo o futebol um esporte coletivo, é do grupo, como um todo, que tem de emergir a qualidade. Uma equipe para funcionar tem de ser constituída por homens de caráter, que olhem para o grupo como algo mais importante do que cada indivíduo isoladamente. Só o grupo importa e só o grupo é importante preservar.* (Lourenço, 2004: 123-4)

Foi dessa forma, com esses princípios, que Mourinho me explicou como encara o valor do grupo perante o valor do individual:

*Para mim o todo é tudo, a parte é um meio importante para que o todo atinja os seus objetivos. Por isso, acho mesmo que, a partir de um determinado momento, em que a cultura de grupo existe, a cultura do todo existe, o objetivo global está perfeitamente aculturado pelo grupo, acho que a noção "sacrificar a parte pelo todo" deixa, pura e simplesmente, de fazer sequer sentido. Porque o todo é o todo, passe a redundância, e é pelas partes que se chega a esse todo. Portanto, para mim, em todos os aspectos do treino e da complexidade da minha missão, como líder de um grupo, o todo é, diria mesmo, a única coisa que me interessa.*

Com essa premissa global, Mourinho pretende, no interior do seu grupo, nas partes, uma homogeneidade global: de valores, de métodos, de princípios, de pensamento. Essa homogeneidade está bem espelhada na sua filosofia quando, pela primeira vez na sua vida profissional, na temporada de 2002/03, ele escolheu a equipe – o FC Porto – de base: Mourinho foi à procura de jogadores ambiciosos, anônimos, sem títulos ganhos (Lourenço, 2003). E foi em torno dessa ideia central que construiu o FC Porto, que viria a ganhar todos os títulos nas provas em que participou – à exceção de uma taça de Portugal e de uma Supertaça europeia – nos dois anos seguintes. Para o que agora interessa focar é perfeitamente secundário o tipo de jogador que Mourinho pretendia.

O que importa, neste momento, é realçar que Mourinho queria um jogador tipo para conseguir criar um grupo de iguais entre iguais, onde não houvesse quaisquer discrepâncias, fossem elas econômicas, pessoais, técnicas ou outras. É que, para Mourinho, só nessa uniformidade global se poderia construir o grupo e, assim, só no e pelo grupo, cada um dos jogadores poderia ver as suas capacidades técnicas, físicas, econômicas etc. melhoradas. Mais, só nessa uniformidade o grupo poderia ter futuro.

E essa noção é tão transversal ao conceito de grupo que ela se aplica com a mesma efetividade a grupos de naturezas completamente distintas.

Reportemo-nos de novo ao grupo U2, que em 2009 celebrou os seus trinta anos de carreira. Antes de um concerto dado em Portugal, nesse mesmo ano, o grupo irlandês deu uma entrevista à rede de televisão SIC. Quando lhe foi perguntado qual o segredo da longevidade da banda o vocalista, Bono, respondeu: "A tentação que conseguimos evitar, até agora, e de que mais me orgulho, foi a criação e desenvolvimento dos "egos individuais" que estão sempre na origem do fim das bandas".

Ora, também aqui nas palavras de Bono conseguimos descortinar a preocupação por essa tal uniformidade, por essa tal homogeneidade. É, no fundo, e dito de outra forma, a maneira de evitar a emergência dos tais "egos individuais", ou seja, dos "vedetismos". Por isso, o U2 já comemorou trinta anos de sucesso, uma união algo ímpar no mundo da música. Por isso, passados praticamente três anos depois da saída de Mourinho, o Chelsea consegue manter-se no topo da competitividade a nível mundial, não obstante, manter praticamente a mesma equipe – à exceção de dois ou três jogadores – que foi construída por Mourinho. Mais excepcional se torna essa circunstância se atentarmos ao fato de, depois de Mourinho, o Chelsea já ter tido quatro treinadores.

Mais uma vez sublinhamos, aqui, a essência da questão: o que define a realidade não são as partes divididas e separadas, mas, antes, as suas conexões, as suas relações. Percebe-se, pois, a principal finalidade de Mourinho quando constrói e mantém um grupo: homogeneidade entre as partes, sempre num campo relacional e no contexto do todo.

É com base nessa lógica inter e intrarrelacional que José Mourinho me explicou como constrói e desenvolve uma equipe, no seu caso concreto uma equipe de alta competição, ou elevado rendimento, se preferirmos:

> *Eu, ao construir uma equipe, tenho de tentar esconder as más qualidades dessa equipe e também tentar esconder as más qualidades dos jogadores e esta ideia eu tenho de ter sempre presente. Por muito boa*

*que seja a equipe, por muito bons que sejam os jogadores, independentemente do nível de eficácia que a equipe tenha atingido, todas as equipes, todos os jogadores, todos os sistemas, todos os modelos têm defeitos e têm qualidades. No que toca aos jogadores, eu tenho de tentar aproveitar as qualidades de uns para esconder as deficiências de outros e eu quero não só que eles saibam quais são as suas qualidades e defeitos como também as qualidades e defeitos dos companheiros de equipe.*

*Por outro lado, numa estrutura tática de 11 há uma proximidade física de uns em relação a outros. Ou seja, o defesa central tem à sua direita o lateral direito, à sua esquerda o outro central, à frente um ou dois médios defensivos e atrás o goleiro. Ora, eu como defesa central tenho de saber, por exemplo, que o meu lateral normalmente perde bolas sob pressão, portanto não posso jogar com ele quando a equipe está sendo pressionada pelo adversário. Tenho de saber que o central que joga ao meu lado é um jogador lento e, como tal, tenho de estar atento às bolas nas suas costas para lhe dar a devida cobertura, tenho de saber que o meu goleiro não sabe chutar de pé esquerdo, portanto, ao atrasar-lhe uma bola não o posso fazer para o pé com o qual ele não consegue jogar. Contudo, tenho ainda de saber que o meu goleiro é fantástico no jogo aéreo, portanto, devemos tentar que o adversário seja obrigado a fazer cruzamentos por alto porque essa é uma situação confortável para nós devido à eficácia do nosso guardião. Enfim, são informações que os jogadores têm de possuir para, a partir dessa informação, poderem jogar de acordo com as características de cada um dos seus companheiros.*

*Quando estava no Chelsea, dizia sempre aos meus defensores centrais: se na sua frente estiver jogando o Makelele, entre no meio-campo com a bola porque, se perdê-la, o Makelele vai estar onde tiver de estar para fazer a cobertura do vazio que você deixou quando saiu da defesa; se no meio-campo estiver jogando o Essien, não entre no meio-campo com bola, porque se o fizer o Essien vai atrás de você e depois, se perder a bola, ninguém vai estar no lugar em que deveria estar quando o adversário estiver de posse da bola. Desta forma, os jogadores têm de perceber as ligações funcionais que existem em jogo, exatamente em função das características dos outros que os rodeiam. Para terminar, acho fundamental todos nós conhecermos quem nos rodeia e a forma de, de uma maneira concertada, relacional e sistêmica, todos contribuírem para o todo, que é a organização, seja ela de que tipo for.*

E não ficará desajustado citar agora Marcia Hughes e James Terrel, no seu livro *Inteligência emocional de uma equipe*, que nos ajudam a melhor compreender e enquadrar as palavras de Mourinho, justamente quando o tema é a criação e desenvolvimento de uma equipe e o relacionamento entre os seus integrantes.

*Quanto mais se conhecerem, mais fácil será confiarem e mais razões existirão para que o façam. O verdadeiro valor da construção de relacionamentos de equipe é quando todos compreendem mais sobre como cada um se tornou no que é, os costumes diferentes, os pontos sensíveis, os pontos fortes, os desafios e as paixões fazem com que se crie sinergia e compreensão o que conduz a melhores resultados e melhores práticas. Permite que se ajudem uns aos outros a compensar e a responder com maior flexibilidade e resiliência, transformando o* stress *da mudança onde (...) perante a situação, [os integrantes da equipe] se erguem juntos. É o local de nascimento da equipe extraordinária.* (Hughes, Terrel, 2009: 202-3)

Também as palavras de Drogba, embora num outro enquadramento, ajudam a entender essa problemática.

*Ele sabe como liderar a equipe, como liderar um grupo de pessoas, como juntar as pessoas, como envolvê-las... como motivá-las. Penso que ele entende algo muito importante: para se ter bons resultados tem de se estar psicologicamente apto. Por isso ele entende que se tem de dar algo aos jogadores para eles estarem em plenas condições psicológicas.*
*Se isto for feito e conseguido, os jogadores vão com certeza retribuir. E Mourinho é quase perfeito nesse aspecto. O.k. taticamente ele é o melhor, no campo durante o jogo é também muito bom, agora, no que*

*diz respeito à preparação mental do jogador, ele é muito inteligente, brilhante mesmo.*

É a partir de noções como essas que, intuitivamente, Mourinho introduz a sua cultura de grupo. Para o guru da "cultura organizacional", Edgar H. Shein (2004), a cultura de uma organização, ou de um grupo, constitui-se pelos seus valores básicos, a sua ideologia, a razão de ser de quem está ali, da forma como está e como é. Ora, em Mourinho, o primeiro traço dessa cultura, que é igualmente entendida fora do seu grupo, é justamente a supremacia do grupo perante o individual. Vejamos as palavras de Schevchenko a um jornal italiano, antes de começar a trabalhar no Chelsea: "Nesta equipe estou disponível para aquilo que [Mourinho] quiser". Entendemos aqui a aceitação tácita de Schevchenko, estrela mundial, da ideologia do grupo de Mourinho, ou seja, a sua disponibilidade para realizar o trabalho que o treinador quiser em prol do grupo e do sucesso coletivo. É esse fim, o sucesso do grupo e não do individual, a "razão de ser de quem está ali, da forma como está e como é". Trata-se, pois, de uma cultura baseada no sucesso do grupo e não uma cultura baseada no sucesso da "estrela", como, por exemplo, no Real Madrid, onde os seus jogadores eram apelidados de "galácticos". Em Mourinho, galáctico é o grupo e as partes sabem bem disso.

Na conversa que mantive com Jorge Costa, foi exatamente pelo sucesso, materializado numa cultura de vitória, que ele me justificou a "cultura Mourinho":

> *Acho que depende muito das culturas de cada país onde ele possa ser treinador, mas penso que, ao fim de algum tempo, acaba sempre por existir uma "cultura Mourinho", principalmente quando falamos de uma cultura de vitória.*

Com essa cultura, Mourinho ajuda a fomentar e a manter um fator que considera fundamental para o bom desempenho do grupo: a união ou coesão desse grupo. Enquanto todo complexo, o seu grupo é um todo coeso, unido e solidário. Mesmo fora dos campos de futebol o grupo tem de continuar a ser grupo, assente nos seus valores, que não desapareçem ou fazem um intervalo quando não desempenha a sua atividade profissional.

A solidificação, o desempenho, a manutenção dos valores vão se construindo em todos os atos da vida de cada uma das partes, não havendo diferenças entre a vida profissional e a vida social. Foi assim que pudemos ver, por meio da televisão, a equipe inteira do Chelsea deslocar-se ao hospital para visitar o seu goleiro Petr Cech, após este ter sofrido uma grave lesão na cabeça durante um jogo da liga inglesa e que chegou a colocar em dúvida o futuro profissional do jogador.

É também dessa forma que se explica a solidariedade que Mourinho preconiza entre os membros do seu grupo a serviço da coesão e união do mesmo. Se Mourinho quer jogadores solidários não pode adotar uma tática de marcação homem a homem que em nada promove a entreajuda, logo, a solidariedade.

A propósito das normas que Mourinho implantou assim que chegou ao Chelsea, escreveu Barclay (2006: 183): "Insistiu que os jogadores tinham de se comportar como uma unidade dentro e fora do campo".

Porém, além do grupo como um todo, Mourinho promove também, nos seus grupos, um outro fator determinante para o sucesso. É aquilo a que usualmente se refere como *winning mentality* [mentalidade de vencedor], a que podemos chamar de "cultura de vitória". Para essa análise resulta claro que é a vitória, em cada jogo e em todos os jogos, em termos da consistência cultural dos grupos de Mourinho, que os pode equilibrar. O todo e as suas partes, cada uma das partes como partes desse todo, ou seja, a equipe do Chelsea como grupo, entidade coletiva, e os seus jogadores individualmente considerados jogadores do Chelsea, só estão equilibrados, balanceados, vencendo.

Recordemos alguns exemplos já anteriormente citados. Um deles está patente quando falou aos jogadores do FC Porto a seguir à derrota, em casa, com o Panathinaikos. Ao passar-lhes a mensagem de que quem não acreditasse na vitória não iria jogar o encontro da segunda mão, na Grécia, Mourinho mais que reequilibrar o todo pretendeu no imediato reequilibrar as partes que estavam a reagir mal em termos psicológicos à derrota (Lourenço, 2003). Os jogadores entenderam a mensagem: só se ganha acreditando que é possível ganhar. Os jogadores acreditaram e ao reequilíbrio das partes seguiu-se o reequilíbrio do todo coroado com a vitória na Grécia.

Um outro exemplo vemos com Frank Lampard. Trata-se de parte de um diálogo entre treinador e jogador, descrito no livro *Totally Frank*, a biografia do jogador inglês: "*You are just as good as Zidane, Vieira or Deco and now all you have to do is win things. You are the best player in the world but now you need to prove it and win trophies*"\* (Lampard e McGarry, 2006: 311).

Quando Mourinho lhe disse que ele era o melhor jogador do mundo, mas que para ter esse reconhecimento teria de ganhar troféus, mostrou-lhe claramente que uma coisa não pode estar dissociada da outra, logo, havia em Lampard um desequilíbrio que tem que ver com qualidade e eficácia. Esse equilíbrio só se atinge quando uma acompanha a outra. Para Lampard ficar na história não lhe bastava o reconhecimento teórico do seu valor, teria de ter o reconhecimento prático, consubstanciado na vitória.

Essa cultura de vitória, o "só a vitória interessa" ou "o segundo é o primeiro dos últimos" é um outro fator reconhecido em Mourinho e que explica o alto nível motivacional que existe em todos os seus grupos. Porém, um grupo não nasce feito. Desde a sua formação até o estágio de maturação plena, várias são as etapas a percorrer e cabe ao líder um olhar atento sobre esse desenvolvimento.

Interessa-nos, agora, saber como Mourinho desenvolve o seu grupo e o mantém na sua fase mais madura, justamente, tendo em vista o permanente equilíbrio. Coloca-se, então, a pergunta: também aqui será Mourinho diferente? A resposta não é fácil, até porque a nossa análise não é comparativa, contudo, a liderança de Mourinho nesse campo sugere-nos algumas ideias, sobretudo na primeira fase

---

\* "Você é tão bom quanto Zidane, Vieira ou Deco e tudo o que tem a fazer é ganhar coisas. Você é o melhor jogador do mundo, mas agora precisa provar isso e ganhar troféus."

de desenvolvimento do grupo (filiação) e na última (colaboração). Focamos em especial essas duas por dois motivos: porque, como veremos no parágrafo seguinte, as consideramos de fundamental importância, já que, quer num caso quer noutro, ou se efetivam os seus pressupostos ou não existirá grupo. A fase inicial (filiação) pressupõe a criação do grupo, logo, se ela não se realizar não existirá grupo. Na fase final (colaboração), se ela não consolidar o grupo, este desmantelar-se-á. As fases intermédias visam essencialmente as relações, logo, as conexões entre os integrantes do grupo, que podem correr melhor ou pior, desta ou daquela maneira, mas que, geralmente, não fazem depender de si a manutenção e a continuidade do grupo.

Em Mourinho é notória a atenção à fase inicial do grupo. Quando, como já descrevi, escolheu e desenvolveu o seu primeiro grupo (equipe do FC Porto, na temporada de 2002/03), Mourinho foi para o estágio assim que os jogadores se juntaram pela primeira vez: "Ao fim de três dias de trabalho comecei a ter o *feedback* dos [jogadores] mais antigos: '*Mister*, há aqui na rapaziada nova muita qualidade'" (Mourinho *in* Lourenço, 2004: 123). Não foi por acaso que Mourinho fez questão de deixar esta passagem registrada na sua biografia. Ela reflete a preocupação do treinador na integração dos novos integrantes do seu grupo, tal como a sua preocupação nessa fase de formação do grupo. É por esse motivo que Mourinho descreve pormenorizadamente o primeiro dia de folga, nesse estágio, do FC Porto. Os jogadores, por opção própria, saíram juntos do estágio, jantaram juntos e chegaram ao hotel juntos. À sua chegada Mourinho esperava-os e ouviu Jorge Costa, o capitão portista, dizer-lhe: "Fomos todos juntos e temos aqui um grande grupo" (Lourenço, 2004: 123) Essa situação mereceu de Mourinho o seguinte comentário:

> *É difícil exprimir o que sente um treinador ao ouvir o capitão falar assim. Vinte e tantos homens que estavam juntos apenas há cinco dias na sua primeira folga optaram por continuar juntos, jantar juntos e confraternizar juntos. Era o meu grupo que estava nascendo".* (Mou-

rinho *in* Lourenço, 2004: 123).

Relacione-se, agora, essa situação com a teoria do desenvolvimento do grupo preconizada por Obert (1979), um dos autores que estudei e cuja teoria me parece de aplicação apropriada à temática em questão. Segundo o autor, essa primeira fase, a da filiação, caracteriza-se pelos primeiros contatos, em que os integrantes tendem a preocupar-se mais consigo do que com o grupo, pelo que o ambiente pode gerar tensões várias. Nessa fase, segundo Obert, o papel do líder é fundamental, já que lhe cabe a tarefa de facilitar e promover o conhecimento entre as pessoas. Pelo exposto, fica claro o papel desenvolvido por Mourinho: o seu grupo, que ali estava nascendo, não se manteve unido e coeso apenas nos primeiros cinco dias de trabalho. Ele continuou dessa forma na primeira folga dos seus integrantes, fora da atividade profissional.

Cabe aqui ainda uma nota à seleção que Mourinho fez para a criação do seu grupo. Digamos que essa é uma fase anterior à criação do grupo, logo, uma fase em que ainda não existe grupo, portanto, a questão do seu desenvolvimento não se coloca, mas que consideramos fundamental para a sua posterior criação. Quais os critérios, então, de Mourinho, para a escolha dos integrantes do seu grupo? Podemos encontrar a resposta na sua biografia e já por mim, acima citada, embora num outro contexto. Continuamos, assim, situados na equipe do FC Porto da temporada de 2002/03:

> *Com José Mourinho optou-se por fazer também uma análise cuidada às qualidades morais dos homens. Tanto quanto bons jogadores procurou-se bons homens porque, sendo o futebol um esporte coletivo, é do grupo, como um todo, que tem de emergir a qualidade.* (Lourenço, 2004: 23-4).

A atenção de Mourinho às questões atinentes ao grupo, como se disse, não fica pela sua fase inicial. Passemos agora à fase final proposta por Obert (1979), a colaboração, à qual, segundo o investigador, muito poucos grupos conseguem chegar. Trata-se da fase de maturidade plena de um grupo, momento em que todas as outras fases foram plenamente ultrapassadas. O grupo vive, assim, um período estável. Ora, é nessa estabilidade que os perigos podem acontecer. Por isso, vamos a um exemplo que se passou com José Mourinho e que nos dá uma ilustração cabal da sua atenção especial aos momentos em que todo o seu grupo está funcionando com grande eficácia.

A temporada de 2002/03 terminou com o FC Porto vitorioso em todas as frentes: vitórias no campeonato português, na Taça de Portugal e na Taça UEFA. Mourinho manteve a estrutura desse grupo na época seguinte pelo que as alterações foram apenas de pormenor. A "máquina" estava afinada, todos se conheciam, todos jogavam quase de olhos fechados. Só que à partida para a nova temporada uma dúvida assaltou Mourinho: será que o sucesso nos fez mal? (Lourenço, 2004). Mourinho, longe de viver as vitórias do passado recente, estava já concentrado nas vitórias que projetava para o futuro e não se deixou levar pelo ambiente de euforia. Temendo uma reação negativa ao sucesso por parte dos seus jogadores, o treinador tomou medidas, a nível tático, "obrigando" os seus jogadores a "descer à terra" e a se concentrarem apenas no que estava para vir e não no que tinha passado. Dessa forma se compreende como Mourinho manteve um grupo vencedor e o resultado ficou à vista: no final da temporada Mourinho e a sua equipe venceram a Liga Portuguesa e a Liga dos Campeões. E desta forma se compreende, igualmente, como Mourinho consegue um rumo coerente, consistente e visível, uma "lógica comum", se quisermos, transversal a todas as equipes por onde passa. Daí as palavras, que transcrevo em seguida, de Didier Drogba, quando, precisamente, lhe perguntei se havia ou não, em definitivo, uma "cultura Mourinho" nas suas equipes. Didier respondeu-me com um exemplo elucidativo.

*Sim, acho que sim. Quer um exemplo? Eu joguei, há duas semanas atrás, contra o Inter de Milão (treinado por Mourinho) e foi interessante porque eu vi o Inter e estava revendo o Chelsea do seu tempo, foi inacreditável. Aquela forma de jogar, de estar em campo, de disputar o jogo, a intensidade posta no jogo. Sofreram um gol, conseguiram empatar e partiram de imediato à procura do segundo e conseguiram-no logo alguns minutos depois. A inteligência com que disputaram a partida, a organização que demonstraram, a objetividade que tinham... não jogaram bem, é certo, mas aquilo era o Chelsea de Mourinho.*

O Porto de Mourinho, o Chelsea de Mourinho, o Inter de Mourinho... É assim que, fatalmente, mais cedo ou mais tarde, as equipes por onde passa José Mourinho são conhecidas e reconhecidas, por jornalistas, profissionais de futebol, estudiosos do esporte, enfim, cidadãos anônimos que apenas gostam de futebol. São as equipes de Mourinho, não no sentido de pertencer, mas de uma forma de jogar e, acima de tudo, identificadoras de uma personalidade, de uma cultura, de uma liderança que fazem de José Mourinho um treinador único.

# EPÍLOGO

Este livro foi baseado apenas na minha tese de mestrado, que se fundou na liderança de Mourinho. Desenvolvi algumas ideias novas, abandonei outras que, entretanto, deixaram de me convencer. Socorri-me da ajuda de vários amigos, incluí entrevistas novas e inéditas de José Mourinho, Vítor Baía, Jorge Costa, Didier Drogba e Deco. Tentei tornar de fácil leitura e entendimento o trabalho global de Mourinho, com especial incidência – com a "dominante", segundo a sua própria terminologia – na sua liderança. Porém, quem ler este livro não vai ser um segundo Mourinho na "arte" da liderança. Seguramente que não.

Por isso, que ninguém tente copiar, até porque, por definição, segundo os princípios da complexidade, não se consegue.

Limitei-me a apresentar de uma forma pragmática, tanto quanto possível, um modelo de liderança. Um modelo de liderança que considero novo e no qual penso que José Mourinho é pioneiro. Pela primeira vez, pelo menos no esporte de alta competição, alguém operacionaliza em grau bastante satisfatório a teoria da complexidade. E este, como se comprovou, é um modelo vencedor, que produziu resultados fantásticos em muito pouco tempo. Ora, é justamente este modelo que qualquer um de nós poderá seguir. Contudo, ao fazê-lo, fá-lo-á com o seu cunho pessoal, com a sua marca única, porque também cada um de nós é único e não dá para ser copiado. É nessa unicidade que teremos de navegar quando falamos de liderança. É esse o seu fundamento e é essa a sua história: não há dois líderes iguais.

O desafio da liderança nos nossos dias passa por todos nós porque todos somos ou líderes ou seguidores. O ambiente competitivo complexo do século XXI exige líderes arrojados, corajosos, que estejam *one step ahead* [um passo à frente], e não administradores cautelosos que apenas saibam gerir o dia a dia. Liderar, hoje, é assumir responsabilidades e riscos, apontar caminhos e estar pronto para o autossacrifício em prol dos seus seguidores. Só assim se conseguirá inspirar os outros e receber deles o melhor dos seus esforços.

José Mourinho apresenta-se, quanto a mim, como um desses exemplos de liderança eficaz. Por um lado os resultados obtidos pelas equipes por si comandadas, ou guiadas, comprovam-no. Sei bem que nem só os resultados contam, mas não há bons líderes sem bons resultados.

Mourinho tem ganhado teimosa e consistentemente, e vai continuar ganhando justamente porque é consistente. Por um lado a sua ambição não tem limites e por outro renova-se a cada vitória, reconstrói-se a cada passo. Incute efeitos nos seus liderados. Vimos como homens que já deixaram de trabalhar com Mourinho há largos anos ainda continuam a falar dele e, essencialmente relevante, "forma" como ainda falam dele. O fascínio que Mourinho lhes provocou, tudo o que Mourinho lhes ensinou, os troféus que Mourinho ganhou com eles marcaram de forma profunda Baía, Jorge Costa, Deco ou Drogba. Em todos eles se nota que a liderança de Mourinho ainda está presente em suas vidas, em sua forma de estar e ver o mundo.

Em uma das minhas aulas me perguntaram: "*Quando estudou, Mourinho ouviu o contraditório?*". Esta questão foi importante para desfazer dúvidas do tipo de trabalho que realizei. Vou deixar claro que não pretendo aqui um trabalho jornalístico. Tampouco pretendo que seja um trabalho científico, tal como a minha tese de mestrado. Estamos perante um trabalho que, embora decorrente dessa cientificidade da tese de mestrado, já não o é. Cumpro todas as leis da ética, do estudo sério e aplicado, mas não tem – nem eu quis que tivesse – prova científica, tal como ela é globalmente entendida.

Descobri e desenvolvi algumas ideias novas, mas sempre de uma forma totalmente livre no caminho que a minha consciência me ditou. Tampouco – e pela primeira vez – deixei Mourinho ler o que aqui escrevi. Agora mesmo, no momento em que escrevo estas palavras, José Mourinho não leu uma linha sequer de tudo o que aqui está escrito.

Ouvi, assim, quem julguei que era relevante. Do que me disseram, selecionei o que entendi como mais marcante no sentido de nos ajudar a compreender a liderança de Mourinho. Parti com ideias feitas sobre uma liderança que já tinha estudado e, por isso, deixei-me envolver numa *Descoberta Guiada*: sabia para onde ia, embora não tivesse a exata noção do que iria encontrar pela frente até lá chegar.

Desse caminho, dessa nova e fascinante jornada pelos trilhos da liderança de Mourinho, resultou neste livro – o último que escrevo sobre essa temática Mourinho –, que é diferente do que eu o imaginei de início. Nem melhor nem pior: diferente. E gosto dele assim.

Se houver alguém que dele tire algum proveito, seja ele de que tipo for, já me sentirei realizado, já sentirei que valeu a pena. A todos os que o leram o meu muito obrigado.

**LUÍS LOURENÇO**
24 de março de 2010

# REFERÊNCIAS

ALVES, S. (2003) *Deco — O preço da glória*. Lisboa: Prime Books.
AMHURST, J. (2005) *The Special One: the wit and wisdom of José Mourinho*. Londres: Virgin Books.
BACON, J. U. (2007) *Cirque du Soleil — a chama da criatividade*. Leiria: Imagens e Letras.
BARCLAY, P. (2006) *Mourinho — anatomia de um vencedor*. Lisboa: Público — Comunicação Social S.A.
BATTY, C. (ed.) (2006) *The little book of José Mourinho*. Londres: Carlton Books.
BINNEY, G., WILKE, G. e WILLIAMS, C. (2009) *Living leadership*. Londres: Prentice Hall.
CAPRA, F. (2002) *The hidden connections: a science for sustainable living*. Nova York: Harper Collins.
DAMÁSIO, A. (2000) *Sentimento de si*. Mem Martins: Publicações Europa-América.
DAMÁSIO, A. (2003) *Ao encontro de espinosa*. Mem Martins: Publicações Europa-América.
DAMÁSIO, A. (2005) *O erro de Descartes*. Mem Martins: Publicações Europa-América.
DARWIN, C. (2006) *A expressão das emoções no homem e nos animais*. Lisboa: Relógio D'Água.
DEVILLARD, O. (2001) *A dinâmica das equipe*. Lisboa: Bertrand.
DROGBA, D. (2008) *The autobiography*. Londres: Aurum Press Ltd.
DRUCKER, P. F. (2008) *O essencial de Drucker - uma selecção das melhores teorias do pai da gestão*. Lisboa: Actual Editora.

GALLAS, W., Kelly, C. (2008) *La parole est à la défense*. Paris: Editions du Moment.
GIULIANI, R. W. (2003) *Liderar*. Lisboa: Quetzal Editores.
GOLEMAN, D. (1998) "What Makes a Leader", *Harvard Business Review*, nov. - dez.
GOLEMAN, D. (1995) *Inteligência emocional*. Lisboa: Temas e Debates.
GOLEMAN, D., Boyatzis, R. e McKee, A. (2003) *Os novos líderes — A inteligência emocional nas organizações*. Lisboa: Gradiva.
HUGHES, M. e Terrel, J. B. (2009) *A inteligência emocional de uma equipe*. Montijo: SmartBook.
ILHARCO, F. (2004) *A questão tecnológica – ensaio sobre a sociedade tecnológica contemporânea*. S. João do Estoril: Principia, Publicações Universitárias e Científicas.
KARL, R., SHAMIR, B. e CHEN, C. (2003) "The two faces of transformational leadership: empowerment and dependency", *Journal of Applied Psychology*, abril, pp. 246-255
KELLETT, J. B., HUMPHREY, R. H. e SLEETH, R. G. (2006) "Empathy and the emergence of task and relations leaders", *The leadership quarterly*, 17, pp. 146-162.
KETS DE VRIES, M. (2001) *The leadership mystique: a user's manual for the human enterprise*. Londres: Pearson Education Limited.
KLEIN, K. J. e HOUSE, R. J. (1995) "On fire: charismatic leadership and levels of analysis", *leadership quarterly*, 6, pp.183-198.
LAMPARD, F. e MCGARRY, I. (2006) *Totally frank*. Londres: HarperSport.
LOURENÇO, L. (2003) *José Mourinho*. Lisboa: Prime Books.
LOURENÇO, L. (2004) *José Mourinho, Um ciclo de vitórias*. Lisboa: Prime Books.
MARQUES, C. V. (2004) *Pessoal e transmissível*. Porto: Asa Editores
MÄRTIN, D., BOECK, K. (2007) *O que é a inteligência emocional*. Cascais: Pergaminho.
MCELROY, J. C. (1982) "A typology of attribution leadership research", *Academy of Management Review*, julho, pp. 413-417.

MORIN, E. (1999) *Repensar a reforma – reformar o pensamento – a cabeça bem feita*. Lisboa: Instituto Piaget.
MORIN, E. (2003) *Introdução ao pensamento complexo*. Lisboa: Instituto Piaget.
NYE JR., J. S. (2008) *Liderança e poder*. Lisboa: Gradiva.
OBERT, Steven L. (1979) "The development of organizational task groups". Tese não publicada. Case-Western Reserve University.
OLIVEIRA, B., AMIEIRO, N., RESENDE, N. e BARRETO, R. (2006) *Mourinho: Por quê tantas vitórias?* Lisboa: Gradiva.
PIRES, G. (2007) *Agôn — gestão do esporte — o jogo de Zeus*. Porto: Porto Editora.
REGO, A. e PINA e CUNHA, M. (2004) *A essência da liderança – mudança, resultados, integridade*. Lisboa: Editora RH.
ROBBINS, S. P. (2002) *Comportamento organizacional*. São Paulo: Prentice Hall.
SANTOS, C. e CERQUEIRA, R. (2005) *Jorge Costa — o capitão*. Lisboa: Prime Books.
SÉRGIO, M. (2003) *Um corte epistemológico — da educação física à motricidade humana*. Lisboa: Instituto Piaget.
SHAMIR, B., HOUSE, R. J. e ARTHUR, M. B. (1993) "The motivational effects of charismatic leadership: a self-concept theory", *Organization Science*, novembro, pp. 557-594.
SHEIN, E. H. (2004) *Organizational culture and leadership*. São Francisco: Jossey-Bass.
SIEGER, R. (2005) *Vencedores natos*. Lisboa: Actual Editora Soto, E. (2001) *Comportamento organizacional — o impacto das emoções*. São Paulo: Thomson.
TOMAS, N. (2009) *O melhor de John Adair sobre liderança e gestão*. Mem Martins: Publicações Europa-America.
VENTER, J. Craig J. C. *et al.* (2001) "The sequence of the human genome", *Science*, 291 (5507), Disponível em: <http://www.sciencemag.org/genome2001/1304.html>, 14 fevereiro.

Este livro foi composto por Lumiar Design Estúdio em
Adobe Garamond 12/16 em outubro de 2010.